社会体育多元化发展研究

李津蕾　著

吉林科学技术出版社

图书在版编目（CIP）数据

社会体育多元化发展研究 / 李津蕾著. -- 长春：
吉林科学技术出版社，2023.6
ISBN 978-7-5744-0667-4

Ⅰ．①社… Ⅱ．①李… Ⅲ．①群众体育－多元化－发
展－研究－中国 Ⅳ．①G812.4

中国国家版本馆CIP数据核字（2023）第136555号

社会体育多元化发展研究

著　　　　李津蕾
出 版 人　宛　霞
责任编辑　孔彩虹
封面设计　树人教育
制　　版　树人教育
幅面尺寸　185mm×260mm
开　　本　16
字　　数　240千字
印　　张　11
印　　数　1-1500册
版　　次　2023年6月第1版
印　　次　2024年2月第1次印刷

出　　版　吉林科学技术出版社
发　　行　吉林科学技术出版社
地　　址　长春市福祉大路5788号
邮　　编　130118
发行部电话/传真　0431-81629529 81629530 81629531
　　　　　　　　　　　81629532 81629533 81629534
储运部电话　0431-86059116
编辑部电话　0431-81629518
印　　刷　三河市嵩川印刷有限公司

书　　号　ISBN 978-7-5744-0667-4
定　　价　70.00元

前　言

当前，竞技体育和大众健身已成为现代社会体育的两大主题。在我国，全民健身运动计划的实施取得了阶段性成果，国民体质状况有了根本性转变，人们的体育运动意识大大增强，群众的体育运动水平得到了普遍提高，中国正以一个体育大国的形象出现在世界舞台上。

随着经济的发展和社会文明程度的提高，现代社会对人们素质的要求也越来越高，人们不仅要具有丰富的科学文化知识，而且要有强健的体魄和健康的心理。开展体育运动既能丰富人们的文化内涵，也能锻炼人们的体质和塑造人们的心灵。同时，体育作为一项文化事业，能够有效地推动社会和经济的发展，推动民族之间的交流与合作，增进本民族的伟大信心和凝聚力。可见，体育运动在现代社会的发展中正发挥着重要的作用。

与此同时，我国体育管理实践也迎来了新的机遇与挑战。由社会的变革发展带来的新的使命也需要体育工作者进行新的实践，客观上也要求每位体育工作者必须以新的视角、新的方法、新的思路来研究我国体育工作发展的新理念、新方法。为此，不断总结我国体育研究和管理实践的基本经验，不断丰富和发展具有中国特色的体育学科已成为广大体育界人的普遍共识。

改革开放以来，我国体育学界的始创者们对中国体育学的学科建设与发展发挥了巨大的推动作用。迄今，已形成了较为完善的学科体系，多部体育专业教材和研究专著得到出版和应用，为我国培养大批体育人才打下了良好基础。随着体育专业化分工的不断细化，客观上要求我们不断培养出更多适应各类体育管理和专业所需的专门人才。为此，广泛开展体育科学研究也就成了当前一项重要工作。

本书内容主要分为七个章节。第一章介绍了社会体育的基础知识。第二章阐述了社会体育与社会进步相互之间的影响。第三章揭示了影响社会体育发展的因素。第四章介绍了社会体育资源的具体内容。第五章研究了社会体育管理体制与社会体育产业化发展的理论基础。最后两章，分别从社会体育的组织体系与管理体系两个方面阐明了社会体育组织与管理体系的构建与发展。

由于笔者水平有限，本书难免存在不妥甚至谬误之处，敬请广大学界同人与读者朋友批评指正。

目　　录

第一章　社会体育概述

从 20 世纪 90 年代开始，社会体育以其崭新的面貌走进入们的生活，成为现代生活方式的重要内容。社会体育是社会、经济发展的产物，是全民健身发展的必然要求。为此，国家体育总局与国家教委于 20 世纪 90 年代初首先在我国北京体育大学、天津体育学院、沈阳体育学院等体育院校设置社会体育专业，以适应我国迅猛发展的社会体育需求。本章将对社会体育的概念与类型以及发展的方针、目标与任务进行分析。

第一节　社会体育概念

一、社会体育及相关概念解析

（一）社会学的概念

社会学产生于 19 世纪上半叶的欧洲，在 160 多年的时间里，社会学有了很大发展，主要表现在两个方面：一是社会学自身不断发展和完善，并形成了许多理论和流派；二是社会学在世界各国广泛传播，成为一门重要的社会科学学科。

"社会学"一词最初得名于法国实证主义哲学家、社会学家孔德，他被誉为"社会学之父"。而后经过卡尔·马克思、斯宾塞、迪尔凯姆、马克斯·韦伯等学者的不断发展，逐渐形成具有独立理论、研究方法和范式的一门社会科学。孔德创建社会学的根本目的是适应当时社会需要，探寻认识社会和解决社会问题的理论和方法。1838 年 10 月，孔德在《实证哲学教程》（第 4 卷）首次使用"社会学"这一概念，并提出建立社会学这样一门独立学科，这标志着社会学的诞生。美国社会学家英克斯指出，给社会学下定义的三条途径——历史的途径(创始人说了什么)、经验的途径(当代社会学家在做什么)、分析的途径（理性指示什么）。孔德认为社会学是"关于社会现象的根本原则的实证研究"，因此他认为社会学就是社会的百科全书。福武直认为"社会学是一门研究人类社会共同生活的科学"（日本《世界大百科辞典》）。也有人认为社会学是研究具体问题的行为科学，提出"社会学是关于人类行为科学的一个分支学科，旨在探究人之间的社会关系及人与人之间和集体之间相互交往和相互影响的原因及其结果"(《大英百科全书》)。

一百多年来,社会学的发展大致经历了初创时期、形成时期、发展时期三个不同阶段。在各国努力下,社会学的"本土化"工作发展迅速,社会学这一学科已在世界各国扎根、成长。19世纪末,社会学传入我国,经历了一个曲折的发展过程。近年来,我国学者对社会学的概念如何定义,众说纷纭。综合起来认为:所谓社会学"是指在现代社会关于社会良性运行和协调发展的规律性的综合性应用社会科学"。

(二)社会体育的定义

社会体育,在国外被称为大众体育,在我国习惯称为群众体育。随着对群众体育运动系统深入研究,不少学者结合我国实际情况,认为社会主义市场经济条件下群众体育运动的发展,要充分依托社会,形成社会体育的机制,要从社会的整体视角来研究区别于竞技体育与学校体育之外的群众体育,因此主张用社会体育来取代群众体育名称。1995年8月29日,在第八届全国人大常委会第十五次会议上通过的《中华人民共和国体育法》中,正式使用了社会体育这一名称,使社会体育这一名称获得了法律界定与认可,社会体育已成为从事社会体育研究专家、学者高频率使用的词语。

社会体育,是指在社会余暇时间广泛开展的,以身体运动为主要手段,以提高健康水平、进行娱乐消遣为主要目的,在身心健康发展的阶梯上不断超越自我,促进社会物质文明、精神文明进步的社会实践活动。这是社会体育的本质特点的高度概括。

社会体育是我国体育事业的重要组成部分,社会体育与学校体育、竞技体育等一起共同支撑着我国体育事业,是我国体育事业不可分割的组成部分。在我国体育事业的长期发展中,社会体育、学校体育、竞技体育这三大组织体系既各自独立,按照各自的目标和规律,运用各自的人力、财力和物力资源,在各自的领域运行与发展;又相互影响渗透,相互关联促进,以实现我国体育事业的发展目标。显然我国体育事业的发展既需要社会体育、学校体育、竞技体育这三大组织体系独立工作,发挥各自的作用,承担起各自的责任,又需要社会体育、学校体育、竞技体育这三大组织体系有机结合,融为一体。因此,正确认识社会体育与学校体育、竞技体育的联系与区别,对正确把握社会体育概念与内涵大有裨益。

在我国的体育工作和体育活动中,社会体育与群众体育往往混用在一起,笼统地被归为一种概念,这种现象是可以理解的,因为这两种体育模式确实存在许多交集。但严格来看,社会体育与群众体育并不能简单地归为同一概念,它们有着各自不同的概念。

我国体育管理部门将我国的体育大致划分为群众体育和竞技体育两部分,其中群众体育包括社会体育、学校体育、军队体育。在这一概念里,社会体育被归类于群众体育的一部分,是包含在群众体育当中的。而我国《中华人民共和国体育法》则将体育分为社会体育、学校体育、竞技体育、军队体育四个部分，在这个分类当中，群众体育并不自成一类，而是融入以上各个领域中的。

根据历史资料记载，"社会体育"一词早在1918年就已经在我国出现并且已经在体育范畴内广泛应用了。当时的社会体育的概念如下："社会体育者，指学校、军队以外一般社会之运动而言，期以锻炼身心，养成坚实之国民也。"而"群众体育"这一概念在我国于1929年也已经开始使用了。

现代社会体育的概念是指职工、农民和街道居民等自愿参加的，以增强身心健康为主要目的的，内容丰富、形式多样的群众体育活动过程。从这一概念可以看出，社会体育是我国现代体育事业的重要组成部分。社会体育与群众体育常常被归纳为同义词，是由于有广义和狭义之分。广义而言，社会体育是相对于高水平竞技体育而言的，在英文当中被称为"sport for al"，从字面理解，在这个概念当中，除了竞技体育之外的所有体育活动都包含在社会体育当中。同时，社会体育还有狭义概念，就是指广大民众自愿参加的，以健身、健美、医疗、消遣、娱乐和社交为目的的，内容广泛、形式多样的体育活动过程。

社会体育是人的全面发展不可或缺的途径之一。社会体育在促进人的全面发展的同时，又能够将人的全面发展完全反映出来，所以归根到底，社会体育存在的意义就是人的全面发展，社会体育在所有的体育类型当中涵盖的范围最为广泛。社会体育与竞技体育、学校体育和军队体育存在的最大区别就是作为社会体育的主体活动参与者对体育活动参与的自愿性和对活动要素把握的自主性。其中最为突出的一点就是社会体育的对象是除了学校体育涵盖的学生之外的普通人群，也与军事体育训练有着不同的意义。社会体育与社会文化的关系非常密切，它与社会文化相互交叉，相互影响，相互渗透。社会体育的活动形式多种多样，其活动内容也是丰富多彩、不拘一格的。社会体育存在着如此的包容性，以至于任何类型的体育都可以合理地存在于社会体育当中。

社会体育长期存在于人类社会，是由于它是一定的社会政治、经济、文化、教育的产物，同时对人类的健康有着非常重大的意义，所以社会体育的生命力如此旺盛。而由于社会生产力正在不断增强，这使得人们能够参与体育活动的闲暇时间也变得越来越多，参加社会体育的机会和条件也与日俱增。社会体育不受固定规则、器材、设备、场地限制，其参与对象也不受性别、年龄、职业、兴趣、爱好等方面的限制，因此，社会体育几乎没有任何多余的限制。在人们越来越重视健康的当今社会，社会体育的作用愈发凸显，无论是从社会文化的角度，还是从体育活动的角度来说，社会体育的参与程度几乎都是最高的。

二、社会体育的结构及特点

（一）社会体育的结构

社会体育的根本任务是增强体质、增进健康，围绕这些根本任务，社会体育由若干子系统通过一定的结构形式，相互联系构成了一个有机整体。这个整体的根本性质是社会系统这一物质的系统。而论规模，社会体育是一个组织系统，它庞大而且复杂。

1.社会体育结构的特性

（1）整体性

当今，人们在社会生活中已经离不开社会体育这一重要组成部分，因此可以极大地将社会体育的根本属性与发展方向体现出来。构成社会体育的每一部分都可以被看作一个整体，这个整体的组成部分是相互联系的。参与社会体育活动的人群都是社会体育活动的主体，他们的主体地位不因性别、年龄、职业而改变。社会体育如果缺少他们的参与，结构就会不完整。不仅社会体育的内部因素相互之间有着千丝万缕的联系，而且社会体育还与外界环境有着极其密切的关系，与外界环境的关系主要体现在：内部因素与外界的物质、能量与信息进行交换。

（2）稳定性

幼儿体育、家庭体育、民间体育、中老年体育、妇女体育、残疾人体育、职工体育、民族体育等不同类别的体育是现代社会体育结构包括的主要内容。构成社会体育的每个因素都是相互制约与影响的，这正是社会体育结构稳定性的体现。不过相对于竞技体育和学校体育的结构来说，社会体育结构的稳定性是较为松散的。社会体育有着更加丰富的系统、有着与内外环境比较稳定的联系，而且社会体育与外部环境进行的物质、能量和信息交换也是相对稳定的。

（3）层次性

现代社会体育结构的层次是十分复杂的，这种复杂性可以从社会体育的表层结构与深层结构共同体现出来。具体如下。

①社会体育的年龄结构、类别结构、等级结构、组织结构、管理结构以及项目结构等是社会体育表层结构主要包括的内容。

②社会体育的性质结构、人才结构、知识结构、技术结构、智能结构、智力结构以及功能结构等是社会体育深层结构主要包括的内容。

（4）动态性

社会体育结构的动态特征是相对于稳定性来讲的。社会体育结构的动态性既包括整体的动态，又包括层次的动态。从这一点来看，社会体育结构的动态性现象是绝对的、普遍的，因而也是客观的。

社会体育是只有人类才有的一种特殊的社会现象，因此，社会体育结构的变化受两方面的影响。一方面，受社会体育自身运动的影响；另一方面，受人类发展与社会发展的影响。社会体育结构的动态性对社会体育产生的影响如下。

第一，影响社会体育的发展序列，即过去、现在和未来的纵向序列。

第二，影响社会体育的发展规模、程度与速度，促使其朝着多元化方向发展。

2. 社会体育结构的类型

根据不同的需要与标准，从不同的角度来看，社会体育结构的类型可分为很多种。实践中的运用通常以解决的实际问题来决定。

（1）从宏观视角划分

社会体育的结构从宏观上划分，有分析结构和具体结构两种类型。

①具体结构。具体结构是指民间体育、婴幼儿体育、老年人体育、妇女体育、残疾人体育、职工体育、农民体育、家庭体育等形式。这种结构容易被人们意识到，是有形的。体育同社会生活的各个方面的联系都很紧密，并不是一种孤立的社会现象。

②分析结构。诸多具体结构的社会方式的总和就是分析结构。分析结构是不容易被人意识到的抽象结构。可以从横与纵两个角度来对分析结构进行研究。从横向角度进行分析的主要方式是，分析从事不同工作、具有不同学历的人的体育态度、价值观以及活动方式；从纵向角度进行分析的主要方式是，分析处于不同历史时期的人的体育态度、价值观以及活动方式等。

（2）从组成形式分析

从组成形式分析社会体育结构，有松散结构和封闭结构两种。

①松散结构。人们自发组织起来的结构就是松散结构。例如，群众自发组织的球迷协会、操场晨练点等。组织或参与松散结构的人群不会被一些固有的规定来约束。

②封闭结构。具有严格纪律规定与约束的结构就是封闭结构。例如，体育协会与体育俱乐部等。社会体育结构在一定程度上能够促进社会体育的快速发展。合理的社会体育结构对社会体育性质的健康和功能的优化具有决定作用。社会体育结构的合理程度，决定着社会体育这个大系统整体的组织化与有序化程度。社会体育的结构可以将处于不同时期的人们认识与理解体育的观点反映出来。

随着我国体育社会化进程的不断加快，有关人员一定要加快研究社会体育结构合理性的进程。此外，还要加快构建与社会主义市场经济相适应的社会体育组织网络化体系。

（二）社会体育的特点

社会体育与学校体育、竞技体育相比，既有联系，又有区别。社会体育既有别于高水平的竞技体育，也有别于以青少年为教育对象的学校体育，但它又与学校体育和竞技体育存在着相互关联、相互制约的内在关系。

1. 社会体育与竞技体育、学校体育的区别

（1）对象的广泛性

社会体育面向对象既不是少数人，也不是某一群体，而是全体的社会成员，即包括不同职业、不同性别、不同年龄、不同群体、不同地域和不同民族人的体育。而竞技体育面向的对象是有体育天赋的极少数人（运动员），学校体育面向的也只是青少年儿童（学生）这一群体。

放眼全球，在大众参与程度上，没有任何一种文化形态能够比得上社会体育。不同的人种和民族都在参与社会体育，不同的阶层和人群也开始逐渐参与到社会体育中来。同样，它可以包容着不同年龄和性别的人群，而有人存在的地方也都会留有社会体育的痕迹。因此，只要有人群存在，就会有社会体育，只是发展程度和形态会有区别。从活动空间来看，开展高水平的竞技体育和学校体育受到的局限要比社会体育多得多。

每个人的一生几乎都会与社会体育有着密切的关系，因此提倡终身体育的同时，也是在鼓励参与社会体育。每个人接触体育、参与体育最频繁的体育类型就是社会体育。而且各种人群都可以参与社会体育，参与对象经常会利用闲暇时间从事与社会体育相关的事，由此看来，社会上没有任何一种活动消耗的社会总时间能与社会体育相比。

（2）目的的多样性

由于参与体育运动的社会成员年龄、职业、性别、体质、运动兴趣等方面存在着差异，因而参与体育运动的目的就各有不同，呈现出多样性。如老年人参与主要是防病治病延年益寿；中年人参与主要是健康保健、调节精神；青年人参与主要是健美、娱乐、消遣。不同职业、不同性别在参与体育运动方面也具有不同的目的。而竞技体育追求的主要目标是，最大限度地挖掘人的身心潜力，提高运动技能水平，创造优异成绩，夺取锦标。学校体育的主要目的是，提高学生身心素质水平，促进学生德、智、体全面发展，为培养社会主义现代化建设所需合格人才服务。

（3）体育参与的自觉性

社会体育是社会成员依据自身需要自觉自愿参与的体育，具有非强制性。而竞技体育与学校体育均带有强制性特点。体育课程是学生必修课，必考项目。《中学生体育合格标准的试行办法》中规定，对体育不合格学生，经补考仍不合格者，只发结业证书，不得报考高一级学校。《大学生体育合格标准》中规定，体育合格准予毕业，否则不能毕业，按结业处理。竞技体育的运动员更具有强制性特点，运动员提高运动成绩必须经过长期的、系统的，甚至是严酷的强制性训练。

（4）时间的业余性

不占用工作时间与学习时间，利用工作与学习之余参加体育活动是社会体育区别于竞技体育与学校体育的又一个鲜明特征。业余性是参与社会体育的基本原则，我国对公民参与社会体育活动给予积极鼓励与支持，但并不强制。学校体育作为学生教育的重要

组成部分，在各个方面国家都进行了严格规定。按照相关规定，只要学生身体状况正常，对体育教学大纲所规定的内容就必须严格完成，最后还要进行相关考核，考核过关才算完成规定内容。此外，学生还必须参加每天一小时的体育活动，这是国家规定学生应该做到的。军队体育则严格遵循军事训练大纲，其中体育训练是对军队进行军事训练的主要方法。因此，学生和军人参加体育活动是必须进行的强制活动，并且学校和军事体育的组织与管理都是严格由专门人员负责的，这是其与社会体育的主要区别。虽然学校体育和军事体育当中的活动也具有社会体育的某些性质，但以上不同仍凸显了社会体育的业余性特点。

（5）内容的丰富性

据不完全统计，现有健身方法和形式有两万多种，而且还不断发展增加。丰富多彩的体育形式为体育参与者提供了很大的选择范围，每个锻炼者都可依据自己意愿去选择，而且内容的选择无规定与限制。竞技体育则是以奥林匹克运动会设置的项目而展开的，运动项目开展具有限制性；学校体育开展受课程纲要指导和学校体育资源的制约，也具有一定的局限性。

（6）形式的灵活性

社会体育具有非常灵活的组织形式，其组织对象既可以是行政部门组织，也可以是社会团体，还可以是参与者自身。社会体育通过灵活运用各种体育措施而去适应各种客观因素，所以它几乎不受任何限制，往往还能够创造出各种新的方法手段来满足人们对于体育的各个方面的需求。

（7）组织管理的复杂性

由于社会体育是一项涉及全社会的事业，在社会体育管理系统中，既有专门、正式的政府部门，也有形形色色、非正式的社会体育组织；既有各行各业单位的体育机构，也有分散在社会各界的社会体育指导员。同时，参与者分布地域、职业性质、社会地位、活动目的等差异较大，进一步增大了社会体育管理的复杂性。要求社会体育在管理机制上，既要与外部保持高度一致，又要保持自身相对的独立性和稳定性。此外，由于经济的制约，现阶段我国体育场地设置，指导人员、资金等体育资源还十分匮乏，这都给社会体育组织管理工作带来了难度，使其组织管理工作具有复杂性特点。

2.社会体育与竞技体育、学校体育的关联

社会体育、学校体育、竞技体育是我国体育事业的三大组成部分。它们之间既各自独立、相互区别，又相互联系、互相制约。

（1）竞技体育、学校体育对社会体育发展的影响作用

竞技体育对社会体育发展具有积极的影响作用。竞技体育既可以通过吸纳社会体育中涌现出的竞技运动人才，对社会体育发展起到积极推动作用，又可以以它特有的魅力和示范作用，帮助人们实现由体育观赏者向体育参与者转换。竞技体育以它特有的魅力

吸引了无数人观赏，人们在尽情地欣赏高水平、精彩的竞技表演时，不但获得了美的享受，而且受到了竞技体育的感染与激励，产生参与体育实践的渴望与要求。现实中许多体育锻炼者都是竞技体育观赏者，都有过由观赏者向参与者转化的过程。

学校体育对社会体育的影响作用更是直接、明显的。学校体育质量直接影响社会体育发展、体育人口的数量与质量。良好的学校体育教育，使学生在校期间建立了正确的体育观念，形成了终生体育意识、兴趣、习惯与能力，那么学生在毕业以后，走上社会，就能主动积极融入社会体育之中，成为稳定的体育人口，因此，学校体育被称为社会体育的基础。《全民健身计划纲要》特别将青少年列为全民健身实施对象的重点，其战略意义显而易见。

（2）社会体育对竞技体育与学校体育的积极影响作用

社会体育既需要竞技体育给予激励、促进与示范，又需要学校体育为其发展提供厚实基础。社会体育发展离不开竞技体育与学校体育的发展。而社会体育也同样积极影响作用于竞技体育与学校体育。

①社会体育对竞技体育的影响作用。社会体育可以给竞技体育的发展创造良好的社会文化环境，提供为数众多的爱好者和支持者。训练场、球场、赛场，体育观众的观赏、热烈鼓掌、摇旗呐喊予以助威都能给运动员强烈的感染与震撼，鼓励鞭策他们刻苦训练，顽强拼搏，勇攀竞技体育高峰，促进竞技体育向"更高、更快、更强"方向发展，离开广大体育爱好者的支持与关心，竞技体育也将失去发展的沃土与动力。

社会体育又是不断涌现优秀竞技体育人才的源泉。社会体育开展得好，能够更快、更多地发现具有体育天赋的人才，避免人才浪费。因而，社会体育又可被称为竞技体育的基础。江泽民同志称竞技体育是"群众体育的拔尖"。

坚持普及与提高相结合，坚持社会体育与竞技体育协调发展，努力探索社会体育的发展规律和竞技体育的发展规律，全面提高我国体育的整体水平，是我国体育发展的既定方针。

②社会体育对学校体育的影响作用。社会体育包括社区体育、家庭体育，丰富多彩的社区体育活动，良好的家庭体育氛围，都对少年儿童体育意识、兴趣爱好产生潜移默化的影响。孩子置身这种良好的体育氛围中，容易受到感染激励。尤其孩子的父母，是孩子的第一任启蒙教师，父母的体育态度、体育行为对孩子影响最为直接，最为深刻。孩子父母热爱体育、参与体育，能对孩子起到言传身教的作用。而当今，学校体育开展不畅受阻，其原因很多，但主要原因除了受应试教育影响，片面追求升学率外还有一个重要原因，就是社会、家庭对孩子的体育活动缺乏理解、支持。因此，社会体育发展得好，能够为孩子们提供体育活动的时间、空间与条件，就能促进学校体育发展。父母多给孩子参与体育活动的关心与支持，就能促进孩子积极参与校内体育活动。因此，社会体育是学校体育发展依赖的必要环境。

社会体育不仅可为学校体育发展提供环境条件，同时，也为学校体育改革提供指导。传统体育教育是一种封闭式体育教育，只注重技术传授与体质增强，未能与社会体育沟通、联系接轨，以致形成了学生毕业体育终结的现象。而社会体育发展要求是体育人人参与，体育终生参与。社会体育的发展必然对学校体育提出更高要求，要求学校体育能够培养学生终身体育意识、兴趣、习惯和能力，成为未来的社会体育参与的成员。应该说，当今社会体育的发展既为学校体育发展提供了良好的外部环境与发展契机，也对学校体育寄予厚望，学校体育要实现与社会体育接轨，必须加大改革力度。

第二节　社会体育的类型

一、按区域分类的体育

（一）城市体育

城市体育是指在城市开展以健身、休闲、娱乐为目的的身体锻炼活动。其主要作用是有助于市民形成健康、文明、科学的生活方式和提高生活质量。在我国，城市体育正向社会化、社区化、家庭化、设施配套化、活动内容多样化和高档化方向发展。

（二）农村体育

农村体育是指在农村开展以健康、休闲、娱乐为目的的身体锻炼活动。主要特点是活动项目多样化、乡土化，活动时间农闲化，活动形式分散化。

（三）乡镇体育

乡镇体育是指在乡镇开展以健康、休闲、娱乐为目的的身体锻炼活动。在我国，主要是以其辐射作用促使农村体育网络化，推动农村体育的发展。

二、按年龄分类的体育

（一）婴幼儿体育

婴幼儿体育是指对出生 1 个月至学龄前的婴幼儿进行的身体锻炼活动。目的是促进身体正常发育、身心协调发展，培养参加体育活动的兴趣，发展基本活动能力。要选择适合婴幼儿生理条件的各种户外活动，充分利用空气、阳光、水等各种自然因素；对活动场地、服装、设备、器材和项目等的安排要以安全、卫生为原则；合理掌握活动的生理负荷，一般以中等强度的有氧代谢为主；教法手段要生动活泼、有趣、多样化，活动组织游戏化。

（二）儿童、少年体育

儿童、少年体育是指对 7 ~ 18 岁的儿童、少年进行的身体锻炼与教育活动。以身体运动、卫生保健为手段，有学校体育课、课外体育活动和校外体育活动等多种组织形式。目的是锻炼身体，增强体质，培养体育能力，促进身心全面发展。

（三）青年体育

青年体育是指对 18 ~ 25 岁的青年进行的以健康、娱乐、休闲为目的的身体锻炼活动。这一年龄阶段是身体的成熟期，要充分发挥其身体的潜在能力，学习和提高体育的技术、技能，提高身体素质，掌握未来从事职业所需的身体活动能力和体能。

（四）老年体育

进入老年期后，身体各器官、系统就逐渐发生器质和机能的退行性变化，以致疾病频频发生，流行病的患病率也大大地高于中青年时期。从 30 岁左右开始，脑细胞的数量就会逐渐减少，60 岁以后减少的数量更是明显，由此带来一系列衰老的症状，如反应迟缓、智力下降等，影响着老年人的正常生活。随着年龄的增长，各种身体素质和运动能力多呈下降趋势，各种运动能力的下降尤其明显，因此在这一时期，会出现严重的运动障碍。年龄愈是增大，出现运动障碍的比例愈是增大。老年人由于生理上的变化，导致产生无用感。退休而离开工作岗位，使老年人心理上产生孤独寂寞感。生活在空巢家庭中的老人还会经常产生无力感。要根据老年人的健康、体力状况和兴趣来安排活动内容；锻炼时要注意循序渐进、持之以恒、安全卫生和因人而异；不要做憋气和速度太快的运动或猛然使劲举起重物，以及突然蹲下或低头等动作练习；应避免剧烈的对抗性竞赛。此外，定期的医务检查并指导参加者日常的自我医务监督是开展老年体育工作不可忽视的问题。

三、按健康状况分类的体育

残障人体育是指对身体残疾或精神障碍者进行的身体锻炼活动。其目的是帮助残障人解除身体上精神上的痛苦，锻炼掌握各种生产和生活技能，增强自信心。锻炼要循序渐进、量力而行，户外室内兼顾，注重实效，持之以恒。

（一）聋哑人体育

聋哑人体育是指对双耳听力丧失、听觉障碍、不能说话或语言障碍者进行的身体锻炼活动。目的是锻炼身体，促进身心健康，获得健康生活的乐趣。主要特点是以直观形象的演示结合手势、口型等方法进行指导。

（二）盲人体育

盲人体育是指对视力丧失以至全无光感者进行的身体锻炼活动。目的是提高机体的灵活性、触觉的灵敏感，发展听觉以补偿视觉的缺陷，提高定向、平衡能力和对自然环境的适应能力。活动前要让运动员熟悉运动场地，活动中结合采用辅助设备器材，以声音和触觉为导向是主要特点。

（三）残疾人体育

残疾人体育也称特殊体育、残障人体育，它是指社会人群中在视力、听力、言语、智力、肢体等方面有缺损者，通过身体练习，以达到保健康复、培养其意志品质、提高他们生活自理能力及让他们充分享受自身体育权利所进行的体育活动。四肢残缺或麻痹畸形而导致运动系统功能不同程度丧失或障碍者进行的身体锻炼活动，目的是增强残疾部位的血液循环和营养供应，避免残疾部位的肌肉萎缩和神经坏死，提高生理机能，改善残疾部位的畸形状态等。锻炼时要充分发展和锻炼健全肢体，加强残疾侧尚存肢体的锻炼，使补偿薄弱环节与促进身体全面发展相互结合，相互促进，从而提高锻炼效果。

（四）智障者体育

智障者体育是指对脑器官损伤引起认识活动的持续障碍、智能明显低于常人平均水平者进行的身体锻炼活动。目的是促使其身体得到正常发展，增进健康，增添生活乐趣，提高生活适应能力。

四、按活动场所分类的体育

（一）社区体育

社区体育是指由社区居民自主进行的简便易行、广大群众喜闻乐见的多种多样的身体锻炼活动，其具有自主性、公益性、多样性、有趣性、服务性等特点。社区体育把一个社区的居民组织到一起从事体育文化活动，通过生动有趣的体育活动形式拉近社区居民间的心理距离，增进相互间的了解，增强社区意识和社区的归属感，并进一步吸引社区居民参与体育活动。

科学文明的生活方式是现代人文明素质的体现，有助于提高居民的生活质量，维护社区秩序的稳定。社区体育通过一些富有吸引力的有益的休闲活动，吸引了众多居民参与到其中，让居民善度余暇，一定程度上抵御了不健康的生活内容的侵蚀，使广大居民有了一种积极健康的生活方式。

社区体育通过体育的形式，满足了人们对"群体"的需要，沟通了人们的感情，增强了社区的凝聚力。人们可以在体育这种活动形式中扮演新的角色，在改善体质状况的同时，丰富感情体验，实现对人的关怀。

（二）企业体育

企业体育是指在企业中开展以健康休闲娱乐为主的身体锻炼活动。形式有工前操、工间操、小型多样竞赛和简易运动会等。企业体育是建设现代文明企业的重要手段。其目的是增强企业的凝聚力，振奋企业精神，增强企业活力和劳动者身体素质，提高劳动生产率。

五、按活动性质分类的体育

（一）休闲体育

休闲体育是指人们在闲暇时间以增进身心健康、丰富和创造生活情趣、完善自我为目的的身体锻炼活动。特点是具有自由性、文化性、非功利性和主动性等。对增进健康、强健体魄、预防疾病与康复、提高文化素养与精神文明建设、丰富生活内容与加强人际关系，以及促进人的社会化与个性形成等都有重要意义和作用。

（一）民族体育

民族体育是指各民族在长期社会实践中所创造、积累和发展起来的带有显著民俗特点的，以健身、防身、娱乐为主要目的的身体锻炼活动。它往往以其悠久的历史、动人的传说、瑰丽的色彩和独特的情趣，反映了各民族的生活习俗、文化特点、道德风尚和宗教信仰，是各民族政治、文化、生活的一种特殊表现形式。它具有传统性、集会性、节庆性、游艺性、风俗性、表演性等特点。

（二）竞技体育

竞技体育也称"竞技运动"。它是指在最大限度地挖掘和发挥个人或集体在体能、心理、智力等方面潜力的基础上，达到提高竞技能力水平，以创造优异运动成绩为主要目的的一种社会活动过程。它包括长期系统的运动训练，为创造优异运动成绩而组织的运动竞赛，以及为保证训练与竞赛顺利进行的场地、设备、器材等物质条件和科学理论研究。

其特点：①具有强烈的竞争性；②具有超常的体力与高超的技艺性；③按严格统一的规则进行竞赛，成绩得到社会承认；④具有很好的娱乐性。

项目包括田径、体操、游泳、篮球、排球、足球、乒乓球、羽毛球、网球、棒球、垒球、手球、曲棍球、水球、冰球、跳水、举重、射击、射箭、击剑、摔跤、柔道、拳击、马术、自行车、赛艇、皮艇、帆船、划艇、滑冰、滑雪等数十项。各国或各地区还有自己的特殊项目，如中国的武术。发展竞技体育对振奋民族精神，教育培养一代新人，丰富人们的文化和精神生活，促进经济发展与繁荣，加强国际的交往，以及推动整个体育事业的发展都有重要的意义。

社会体育的分类有利于对群众体育结构的进一步了解，有利于群众体育的指导与组织。

第三节　社会体育的功能

一、社会体育促进人全面发展的功能

社会体育有多种功能，但其本质功能是促进社会个体——人的全面发展，以满足体育参与者健身、娱乐、情感交流和社会适应等方面的需要。社会体育对人发展的全面影响作用是社会体育本质功能，属第一位，而其他的各功能则是体育本质派生出来的，属第二位。回顾国际大众体育发展历程，总结我国群众体育发展的经验教训，都足以证实，人类追求自身完善与发展是推动大众体育向前发展的动力与源泉。

（一）健身功能

健康既是人事业与工作的物质基础，也是人满足自身发展与享受需要的物质基础，没有健康的身体，无法最大限度地发挥个人的聪明才智，服务于社会，报效祖国，建功立业；没有健康的身体，也无法享受美好的生活；没有健康的身体就意味着丧失一切。因此，不言而喻，健康是金，健康是一切。健康是现代人追求理想目标的实现，体验人生幸福，享受美好生活的物质基础。正因为如此，"生命在于运动"，"花钱买健康，运动来健身"的观念已越来越被人认识与接受，越来越多的人投入到体育的怀抱，成为体育参与者。

体育特性是身体练习为手段与形式，它要求人的身体直接参与，通过经常性的科学锻炼和体育参与，所产生的直接效益，使人体形态、机能和素质得到全面改善，体质得到增强。体育的健身功能体现在，体育锻炼能改善和提高中枢神经系统的工作能力；促进人体内脏器官的构造和机能的提高；能调节人的心理，使人朝气蓬勃，充满活力；能提高人体的适应能力；改善亚健康状态；能防病治病，推迟衰老，延年益寿。

原国际运动医学联合会主席普罗科教授研究证明：不锻炼的人30岁起身体机能就开始下降，到55岁身体机能只能相当于他最健康时的2/3；而经常锻炼的人到四五十岁，身体机能仍稳定，当他60岁的时候，心血管系统的功能相当于二三十岁不锻炼的人。也就是说，经常锻炼的人比不锻炼的人要年轻二三十岁。现任国际运动医学会联合会主席霍尔曼教授指出：能每天坚持跑步10分钟，心脏可以年轻20年。总之，体育锻炼可使不同年龄阶段的人都得到发展，使青少年生长发育健全，体形健美，姿态端正，动作矫健；中年人身体健康，精力充沛；老年人延缓老化过程，健康长寿。

（二）娱乐功能

随着现代科学技术的迅猛发展，社会的生产方式与生活方式都发生了很大变化，人们的余暇时间不断增多，如何善度余暇，提高生活质量已成为一个全球性的社会问题。党的十四届六中全会通过的《中共中央关于加强社会主义精神文明建设若干重要问题的决议》中指出，今后十年我国社会主义精神文明建设的主要目标之一，就是要"实现以积极健康、丰富多彩、服务人民为主要要求的文化生活质量的显著提高"。党的十五大报告也指出："积极推进卫生体育事业的改革和发展。提倡健康文明的生活方式，不断提高群众精神文化生活质量。"内容丰富多彩、形式灵活多样、趣味性强的体育活动是社会文化娱乐生活的重要组成部分，也是科学、文明、健康生活的不可缺少的组成部分。

人们通过参与丰富多彩的体育活动，特别是参与那些自己喜爱和擅长的运动项目，会在身体完成各种复杂练习的过程中，产生一种成就感；与同伴的默契配合中，在与对手的斗智斗勇的过程中，在征服自然胜利后（如爬山登顶）得到一种非常美妙的快感和心理上的满足感。同时，由于各种运动项目的不同特点，能使人在体育实践中获得各种不同的娱乐享受。如垂钓可使人悠然自得，乐在其中；跑步能使人有条不紊，勇往直前；打球使人机智灵活，豁达合群；旅游则使人饱览名山大川，赏心悦目，心旷神怡。体育的确是一种最积极、最健康的娱乐方式。正如现代奥林匹克运动创始人顾拜旦在他名作《体育颂》中所热情讴歌的那样："体育，你就是乐趣！想起你，内心充满欢喜，血液循环加剧，思路更加开阔，条理更加清晰。你可使忧伤的人散心解闷，你可使快乐的人生活更加甜蜜。"体育已当之无愧成为现代人娱乐的重要手段。

（三）调节情感功能

现代社会，生活节奏快、工作压力大，脑力劳动多、体力劳动少，生活环境公式化，使人们的情绪浮躁，感情空虚。这是因为高科技生产缺少人与人之间的互动和交往，忽略人们情感交流；单调的工作使人们感到寂寞、无聊，情绪不佳；而现代生活方式使家庭规模缩小，亲属间感情疏远，给人们带来许多情感困惑。而群众性的体育活动正好可以弥补这些不足，体育活动可以为人们创造提供这一情感交流的契机。因为体育活动能够为人们创造提供一种最易促使人们情感交流的情景与氛围，在这里既没有身份、职务、贫富贵贱之分，也没有人为的矛盾与隔阂，大家在锻炼中既互相帮助、互相鼓励，又畅所欲言、交流情感，不是朋友，却胜似朋友。这种体育锻炼的自然景观在锻炼场所随处可见，比比皆是，这正说明体育在缩短人与人之间的社会距离，在增进社会成员、家庭成员的情感交流方面发挥着积极作用。

（四）增强社会适应能力的功能

社会适应能力差对人的身心健康会产生消极的影响。社会适应能力差的人常因人际关系的矛盾而产生心理的烦恼，并持续地出现焦虑、压抑、愤怒等不良情绪反应，而不良情绪反应可使人的免疫能力下降，进而，生理疾病发生的可能性大大增加。有研究显示，70%的高血压患者人际关系不好，经常处于紧张状态之中。另外，研究表明，交际越广，寿命也越长。我国著名的医学心理学家丁赞教授说："人类的心理适应，最主要的就是对人际关系的适应，所以人类的心理病态，主要是由于人际关系的失调而来。"为了保持身心健康，人们既需要营养、体育锻炼、休息和其他生理方面的满足，也需要安全、友情、支持、理解、归属和尊重等通过人际关系所获得的心理方面的满足。从一定意义上讲，良好的人际关系是人的生命所需的非常宝贵的滋补剂，善于与人相处是一个人诸多能力最重要的、不可缺少的能力之一。体育锻炼不仅增加人与人之间接触与交往的机会，使人的交往能力得到锻炼与提高，而且体育锻炼有益于培养人豁达开朗、热情豪爽的性格。这种具备外向型良好性格的人更容易与他们相处，更容易与他人相处，更容易被他人所接纳，因而，一般来说，长期从事运动的人具有更强的社会适应能力。

二、社会体育促进社会发展的功能

一个国家的强弱兴衰，一个社会的文明程度与国民素质密切相关。正如江泽民同志在党十四大报告中所指出的："科技进步，经济繁荣和社会发展，从根本上说取决于提高劳动者素质……"劳动者素质主要包括思想道德素质、科学文化素质和身体心理素质。三大素质缺一不可，没有思想道德素质是危险品，没有科学文化素质是次品，没有身心素质是废品。而在三大素质中身心素质又处于基础地位，身心素质是思想道德素质和科学素质的基础。正如毛泽东同志形象比喻的"德、智皆寄予体，无体便是无德智也"。身体是"寓道德之舍，载知识之车"。一个民族的身心素质，可以说是一种物质资源，是综合国力的重要指标。对一个国家的现代化进程有着不可忽视的影响，也是一个国家社会进步与文明程度的重要标志。正因为如此，国家启动、实施了一项旨在提高中华民族身体素质的伟大工程：《全民健身计划纲要》。李铁映在颁布实施《纲要》动员大会中指出："纲要是一个由国家领导、社会支持、全民参与，有目标、有任务、有措施的体育健身计划，是与实现社会主义现代化目标相配套的社会系统工程和面向21世纪的发展战略规则……。通过宣传、推广、实施全民健身计划，对于提高中华民族整体素质，建立科学、文明、健康的生活方式，促进社会主义安定团结，推动社会主义精神文明和物质文明建设都将产生积极和深远影响。"上述所见，社会体育对提高国民整体素质，帮助人们建立科学、文明、健康的生活方式，促进社会主义两个文明建设都将产生重要影响，社会发展进步离不开社会体育的广泛开展，社会体育发展的水平、程度是衡量一个社会文明进步的重要标志。社会体育之所以在现代社会中具有重要地位，能在社会主义两个文明建设中发挥积极有效的功能作用，是因为社会体育具有健身、健美、娱乐、促进身心健康、促进个体社会化、满足自我成就需要及审美功能。这些功能中有的是物质性的，对人的肉体有积极改造作用；有的是精神性的，对人的心理和社会化有着积极改造的作用。体育作为一种特殊的实践活动，其基本的实践过程是人从事身体运动的过程，这种过程表现为人的肉体与环境相互作用，但它作为人的实践，从根本上讲更是人的意识以肉体作为中介与环境的相互作用过程。所以，这种过程不仅是肉体与环境的物质、能量交换的过程，更是意识通过肉体与环境的信息交换过程。因此，它不仅具有对人的肉体的积极改造作用，产生物质的健身功能，而且具有对人的意识的积极改造作用，产生各种精神性的功能，这两大功能的开发利用能有效提高劳动者的身心素质，从而达到促进社会主义物质文明与社会主义精神文明建设的目的。

（一）社会体育具有促进社会主义物质文明建设的功能作用

社会体育对社会主义物质文明建设发挥的功能作用具体表现以下几个方面。

1. 提高劳动者工作适应能力

体育锻炼有效增强了劳动者的体质，使之获得强壮的体魄，持久的耐受力，具有这种身体素质才能更好地适应当今工作的需要。在现代社会中，劳动的特点是：劳动的强度增大，劳动者复杂程度增大（脑体并用）。社会劳动特点决定了人必须具备良好的体魄才能适应，特别是从事科学探险、科学考察、航天等工作的人，对身体条件有着更高的要求。身体是工作、事业的本钱，不可缺少的物质基础。没有这一坚实的物质基础，个人的才能，对社会所做的贡献就会受到制约。因此，只有强健的体魄才能为社会多做贡献，多创造财富，从而促进社会主义物质文明建设。

2. 提高劳动效率

疲劳是一种综合性症状，与人的生理和心理因素有关。当一个人情绪消极、精神压力大，生理和心理上就会产生疲劳。疲劳出现，工作效率就会降低。如何消除疲劳，方法很多：有睡眠休息，有饮食调剂，有文艺活动，有体育活动，体育应该是一种行之有效的休息手段。通过参与一些具有娱乐性、趣味性、中小强度的体育活动，不仅会使劳动所引起的局部神经、肌肉紧张大为松弛，达到放松身体的目的，而且还能使人产生一种"运动快感"，使人感到愉悦欢快。这种良好的身体反应和情绪体验对消除身心疲劳，精神压力，提高工作效率具有十分积极的作用。如学校安排的课间操，工厂企业安排的工间操都为了消除疲劳，调节精神，使人保持良好学习状态、工作状态所采用的手段。国外学者对体育参与率的提高与劳动生产力关系进行调查，证明了体育参与率与劳动生产力之间的关系。

3. 降低医疗费用

由于现代社会是一个竞争的社会，人们所承受的工作压力与精神压力比历史上任何时期都大，人称现代社会是一个"高心理负荷"的时代。除此之外，人们面临着社会分工日趋精细，脑力劳动增多，体力活动不足，营养过剩，环境污染等。由于诸多因素的综合影响，对人的体质与健康造成了危害，导致人的体质下降，疾病乘虚而入，发病率提高。要把高昂的医疗费用降下来，关键是要预防疾病，降低发病率，而体育锻炼是预防疾病，降低发病率积极有效的手段。专家对此做过研究，研究的结果是，体育费用与社会医疗消费之间存在着一种互补关系，当社会体育消费增加，医疗卫生消费就会减少，这恰恰说明体育具有预防疾病，降低发病率的作用。

4. 提高出勤率

参与体育活动能够预防疾病，降低发病率，因而就能有效降低旷工率，提高出勤率。降低旷工率，提高出勤率不仅能节约医疗开支，而且能够提高生产效率。根据我国对四川某地区的调查，开展体育活动后，劳动出勤率由以前的 85.3% 提高到 97.2%。也有学者通过调查指出，社会体育开展较好的企业，职工的出勤率要比一般单位高 2.42%。国外学者对提高体育参与率与降低旷工率进行了有关研究，调查结果表明：参与某种体育活动的人群，其旷工的时间大大低于不参加体育活动的人群。

5. 促进体育产业的发展

随着现代化进程的加快，大众体育的普及，人们对体育的功能价值有了更深、更全面的理解，健康观念在更新，人们加大对体育的投资，花钱买健康，注重体育投资已成为时尚。人们的消费观念、消费结构正发生明显变化，这种变化大大促进了体育产业的发展，从而推动了我国经济发展。体育产业成为促进国民经济发展的一个新的增长点。

（二）促进社会主义精神文明建设中的功能作用

社会体育作为社会文化生活的重要组成部分，对参与者的作用不仅局限于身体素质和健康水平的提高，对经济发展产生积极作用，而且对人的观念、道德、行为、习俗均产生全面深刻的影响。概括而言，社会体育的开展，不仅培养人持之以恒、坚韧不拔的意志品质和乐观开朗、积极向上的个性，而且可以提高人们体育文化素质和道德水准，推动伦理建设和法制建设，能融洽人际关系，增强群体观，形成科学、文明、健康的生活方式。因此，各个国家都重视大众体育活动的开展，都把它作为衡量文明程度的标志之一。

在我国社会主义精神文明建设中，社会体育的具体作用是以下几个方面。

1. 能培养人的良好道德品质和坚强意志

社会体育活动具有人际交往广泛、频繁的特点。在人与人之间的交往中，需要相互关心，相互帮助，团结互助，因此，有利于培养群体观念，责任意识，助人为乐的精神品质。通过参加有组织的竞赛活动，能培养人尊重裁判、尊重对手、尊重观众、遵纪守法、文明礼貌、公平竞争的品德行为；在同对手的竞争中，能培养积极进取，奋发向上的精神。持之以恒地参与体育锻炼本身就是坚忍顽强，锲而不舍的品质的磨炼与体现。因而，体育活动对人的品德、意志的影响作用是广泛的、深刻的。

2. 加速体育、保健等科学知识传播，提高体育文化素养

群众参加体育活动不仅是一个身体锻炼过程，也是一条传播体育保健知识、技术的重要途径。我们常见的现象是，人们一边锻炼，一边交流锻炼体会，传播自己所知的体育知识、信息。通过这种直接的交流传播，使人们能够较快地获取强身健体、防病治病、延年益寿的方法与经验，提高自身的体育素养。此外，参与体育活动的人，都比较关注各种媒体宣传的体育健身知识，乐于主动学习新知识，这都能促使一个人体育文化素养的提高。

3. 丰富业余文化生活，形成科学、文明、健康的生活方式

生活方式是影响人生活质量与生命健康的重要因素，不良的生活方式有害于人的健康。不良生活方式给人类健康造成的危害已逐步被人们认识，追求科学、文明、健康的生活方式已是现代人关注的问题。由于体育的多功能作用，体育生活方式应运而生。体育生活方式的产生，是时代发展的必然产物，是社会向现代化转型时，人们适应社会发展变化需要接纳的一种新型生活方式。人们通过愉快、自由地享受体育生活可以使身心得到健康发展；通过享受体育生活可以轻松自然地与人、社会、大自然沟通和交流，使人的业余生活充实、丰富，体验人类生活的幸福完美。体育生活方式具有丰富文化内涵的作用，是人类文明的体现。体育生活方式是一种科学、文明、健康的生活方式，是提高人类生活质量和生命质量的保障，在调整人类健康行为，满足人类生存、享受和发展需要方面将做出其他领域所不能代替的贡献。

（四）增进友谊，促进团结，营造良好社会风气

参加社会体育活动，能够扩大人的活动领域。在人与人、群体与群体的频繁接触中，人们不仅传授技艺，而且交流情感。这样不仅可以消除孤独、散心解闷，而且能增进彼此了解，促进团结友谊，形成乐群性格与交往的能力。由于体育活动能够吸引不同年龄、不同性别和不同民族的各种社会群体，因此，在加强群体间团结与友谊、增强凝聚力等方面也具有突出效能。社会体育开展还有助于移风易俗，破除封建迷信，抵制消极、落后的消遣方式，如赌博、算命等。丰富多彩的体育活动的开展是营造良好社会风气，促进社会稳定的有效手段。

总之，社会体育是人类文化生活的重要内容之一。它的存在与发展，不仅反映民族的文明程度，而且积极作用于社会的物质文明和精神文明建设。随着我国人民经济、文化生活水平的不断提高，人们对体育的需求将更加广泛，更加迫切。因此，做好社会体育工作，不仅是建设高度的社会主义物质文明和精神文明的需要，也是满足人类生存、享受与发展的需要。正是由于社会体育对社会发展发挥的积极作用，因而社会体育在现代社会中具有重要的地位。

三、社会体育促进体育事业发展的功能

（一）社会体育是我国体育事业发展的根基

增强人民体质，提高全民族的健康水平是我国体育事业的本质特点和根本任务、体育工作的出发点和归宿，这是我国社会主义国家性质所决定的。早在新中国成立初期，1952 年 6 月 10 日，毛泽东同志就及时发出了"发展体育运动，增强人民体质"的口号，从而确立了新中国体育事业的发展方向，明确了新中国体育事业的性质、任务、方向。

（二）社会体育是竞技体育、学校体育的发展基础

社会体育是竞技体育、学校体育的发展基础。竞技体育的发展离不开大众体育的发展，有了扎实的大众体育基础，竞技体育才能根深叶茂。如美国、德国等国家，轰轰烈烈的大众体育蓬蓬勃勃与竞技体育交相辉映、相得益彰就是范例。可以说，国民对竞技体育的关注、参与、支持，制约着竞技体育的发展水平，竞技体育的后备人才是否充足，一定程度上反映了社会体育开展的深度与广度。大众体育发展得好，能推动竞技体育发展，因此，社会体育是竞技体育的基础。

社会体育不仅是竞技体育的基础，同样是学校体育的基础。青少年儿童除了上学时间，其余时间都在家庭和社区，尤其是人生最重要的体育启蒙期（婴幼儿时期）的教育是在家庭，因此，家庭与社区的体育氛围、体育条件、体育环境对青少年儿童体育意识、兴趣的形成至关重要。丰富多彩的社区体育活动，良好的家庭体育氛围，都对青少年儿童体育意识、兴趣、爱好产生潜移默化的影响。城乡社区体育是青少年儿童课外参与体育的最付佳场所，开展好城乡社区体育对学校体育改革与发展都将产生重大影响。

社会体育是一项涉及每一个社会成员，在业余时间里广泛开展的一种体育活动，它积极作用于人，对人的全面发展施加影响，是促进人全面发展的重要手段；社会体育又是一项有社会性的活动，它积极作用于社会，对社会发展进步，对两个文明建设发挥着重要功能作用；社会体育还是体育事业的有机组成部分，是我国体育事业的基础，具有奠基功能，社会体育发展不仅推动、促进竞技体育与学校体育的发展，同时也将有力促进我国体育事业的发展。

第四节　社会体育发展的目标与任务

一、我国社会体育事业发展的基本方针

（一）国家发展社会体育事业的方针

我国《宪法》规定："国家发展体育事业、开展群众性的体育活动，增强人民体质。"这一规定确立了发展我国社会体育事业的根本方针，明确了国家要发展社会体育事业的责任，明确了国家和各级人民政府发展社会体育事业的主体地位。国家和各级人民政府作为发展社会体育事业的主体，要为广大人民群众参与社会体育创造良好的环境和条件，不断推进社会体育建设事业向前发展。

（二）为增强人民体质、提高人民健康水平服务的方针

建设社会主义的根本目的就是实现人民的富裕幸福，就是要为人的全面发展提供条件，满足人的需要，促进人的素质提高。人的生活幸福和人的全面发展都离不开社会体育。发展社会体育事业就是要以人为本，为了人的全面发展。社会体育为人民服务，最大限度地满足人们的社会体育需求。

（三）为经济建设、国防建设和社会发展服务的方针

社会体育对经济建设、国防建设和社会发展的能动性，决定了社会体育为之服务的可能性和必要性。社会体育对于提高劳动者身体素质、提高劳动生产率，对于增加体育消费、扩大市场需求，对于发展体育产业、增加就业机会，对于提高后备兵源身体素质、巩固国防，对于提高生活质量、增进民族团结、促进社会安定，都有积极的作用。它集中体现了社会体育为社会主义服务的基本方针。

（四）国家与社会共同兴办的方针

我国是一个经济发展中的人口众多的大国。发展社会体育事业完全依靠政府，无论从财力上还是从人力上都是不可能的，必须走社会化道路，形成国家、社会、个人共同兴办社会体育事业的格局。要深化体育改革，改变在计划经济体制下形成的由政府体育行政部门一家办、主要依靠行政手段办、主要依靠政府投资办的模式。政府要鼓励并扶持企事业单位、社会团体和个人兴办社会体育事业，形成多兴办主体多渠道投资，政府为广大人民群众提供基本社会体育公共产品和服务，社会为满足人们多样化体育需求提供条件的发展模式。

（五）活动与建设并举、重在建设的方针

开展群众性体育活动是宪法规定的国家发展体育事业的基本责任。我国在组织人民群众开展群众性体育活动方面创造了丰富的经验。但是要提高我国社会体育的规模和水平，则需要解决社会体育基础建设和系统建设问题。由于种种原因，我国在这方面欠缺较多，差距较大，严重影响了人民群众参与社会体育活动的机会和质量。因此，我们在坚持广泛开展群众性体育活动的同时，必须重视社会体育事业的建设，按照党中央精神文明重在建设的方针，用搞建设的思路去发展社会体育事业。

（六）特别保障青少年儿童体育活动的方针

《中华人民共和国体育法》（以下简称《体育法》）规定"国家对青年、少年、儿童的体育活动给予特别保障"。青少年儿童是国家的希望和未来，提高青少年儿童的身体素质是提高中华民族素质的基础工程。保障青少年儿童的体育活动不仅是学校体育的责任，也是社会体育的责任。国家要在青少年儿童参与体育活动的时间、设施、内容、指导等方面提供特别保障，为他们健康成长创造条件。

（七）国家扶持少数民族地区发展社会体育事业的方针

扶持少数民族地区发展经济和文化事业，是党和国家始终坚持的一项基本方针。由于历史原因，我国大多数少数民族地区体育事业发展相对滞后，需要国家在资金、物资、技术、人才等方面加以扶持。发展少数民族地区社会体育事业，对于加强民族团结、繁荣民族文化、维护国家稳定、巩固国防等有着重要作用和深远意义。

二、我国社会体育事业发展的目标与任务

（一）实现我国社会体育目标与任务的基本要求

新中国成立以来，尤其是20世纪90年代以来，我国社会体育事业迅速发展，积累了较为丰富的经验，并初步总结了发展具有中国特色的社会体育的基本经验和要求，这些经验和要求是进一步实现我国社会体育目的和任务的保障。

1. 坚持基本宗旨，遵循三条原则

社会体育工作必须坚持"为人民服务"这一宗旨，这是由我国社会主义性质所决定的。在制定社会体育工作的方针、政策、法规制度，研究开展社会体育活动的形式和方法时，都必须从"为人民服务"这个宗旨出发。为此，开展社会体育工作要遵循以下三条原则。

一是从我国实际出发的原则，坚持突破纵向、打开横向、深入社会、进入家庭，通过网络化群众性体育活动，以促进社会体育的深化。"突破纵向"就是要使社会体育从一家办（体育局）逐步向大家办转变，以部门办体育为主；"打开横向"就是要抓群众

团体体育，以群众性体育组织办体育为主。

二是开展群众性体育活动，坚持"业余、自愿、小型多样、科学文明和因人因时、因地制宜"的原则，使体育成为人们生活中不可缺少的一部分，渗透到生活的各个方面。

三是指导社会体育工作，坚持"实事求是、从不同层次起步、区别对待、分类指导、分级管理、突出重点、择优扶持"原则，使社会体育工作在扎扎实实的基础上稳步发展。

2. 做到协调发展

（1）与经济发展相协调

社会体育事业的发展规模和速度，取决于生产力的发展水平。根据生产力发展水平来开展社会体育，并不是消极地适应，而是积极地服务。在一定条件下，社会体育开展得好，可以提高劳动者的身体素质，有利于提高劳动生产率，起到促进和推动生产力发展的积极作用。因此说，社会体育既能服务于经济发展，又能促进经济发展。

（2）与文化发展相协调

社会体育除了具有增进人的身心健康、增强体质这个基本功能外，还具有其他功能，如政治功能、经济功能、文化功能、娱乐功能等。体育属于大文化范畴，社会大文化的发展，可以带动社会体育的发展，而社会体育所具有的诸多功能，又可以丰富大文化内涵，促进大文化的发展。

（3）与高水平竞技体育发展相协调

坚持普及与提高相结合，促进体育事业的全面发展。以青少年为重点，以全民健身为基本内容的社会体育，要与以奥运会为最高层次，以训练、竞赛为主要内容的竞技体育协调发展。

3 抓好社会体育的基本建设

抓好硬件、软件建设是发展社会体育的一项立足当前、着眼未来的基础工程，是优化社会体育工作的重要条件。

硬件是指体育场、馆、游泳池等各种体育设施的建设，这是衡量一个国家或地区社会体育发展水平的标志。随着我国经济发展和体育改革的深化，开展社会体育所需要的体育场地设施在逐年增加。

软件建设是指建立、健全和完善社会体育的各种法规制度。在多年社会体育工作的基础上，我国已建立了一系列有关社会体育的法规制度。今后，还要有计划、有步骤、有针对性地建立和健全社会体育的法规制度，依法保障社会体育事业的发展，依法作为检验社会体育工作的依据。

（二）我国社会体育事业发展的目标

发展我国社会体育事业的根本目标，就是要提高国民健康素质，丰富人民文化生活，促进社会主义物质文明和精神文明建设，促进入的全面发展。实现这一目标的基本途径就是人们参与社会体育活动。没有人们对社会体育活动的参与，实现社会体育事业的根本目标就是一句空话。因此，发展社会体育的本质就是让更多的人更加舒适和谐、科学健康地参与社会体育活动。所谓更多的人参与社会体育活动，一是要使正在参与的人坚持参与下去，二是要使中断参与的人重新参与进来，三是要使尚未参与的人尽快参与进来。

社会是一个整体，社会体育作为这个整体的一部分，必然与这个整体及其他部分相互联系、相互影响。发展社会体育事业目标的社会性，为国民经济和社会发展总体目标服务，而不是单纯讲体育观点、把社会体育事业发展置于与国家总体目标无关的位置。社会体育作为社会主义精神文明建设的组成部分，应该为实现社会主义精神文明建设目标服务。事实上，社会体育在显著提高公民素质方面，以及在提高公民文化生活质量和城乡文明程度方面，都是大有作为的。党的十六届代表大会确定了到2020年全面建设小康社会的奋斗目标，其中包括："全民族的思想道德素质、科学文化素质和健康素质明显提高，形成比较完善的现代国民教育体系、科技和文化创新体系、全民健身和医疗卫生体系。"显著提高全民族健康素质，形成比较完善的全民健身体系，不仅是社会体育事业的根本奋斗目标，而且成为国家整体奋斗目标的重要组成部分。社会体育事业在全面建设小康社会奋斗目标中有着重要的地位和作用。

（三）我国社会体育事业的任务

1.广泛开展各种各样、健康文明的社会体育活动

开展"群众性的体育活动"是宪法对体育工作的基本规定。《体育法》规定："体育工作要坚持以开展全民健身活动为基础。"因此，广泛开展各种各样、健康文明的社会体育活动是社会体育工作的基本任务。完成这项任务不仅是政府的责任，也是各级各类机关、企业、事业单位的责任；不仅是各级工会、共青团、妇联等社会团体的责任，也是各级各类体育社会团体的责任。

2.创造和改善社会体育活动的环境和物质条件

发展社会体育事业，就是要在全社会形成崇尚体育健身、参与体育健身、生命在于运动、运动要讲科学和参与社会体育是一种生活方式的环境氛围；就是要为人们参与社会体育活动，不断创造和完善体育设施、体育组织、指导者队伍等物质条件，从而支持、吸引、动员更多的人参与社会体育活动。

3.引导人们为增强体质与健康投资

在由计划经济体制向社会主义市场经济体制转轨过程中，社会体育工作应该承担起引导人们为增强体质与健康而投资，促进人们体育消费的任务。体质与健康是人们生存、享受与发展的基础和资本，向增强体质与健康投资，进行体能与健康储备，这与进行知识和能力的储备同样重要。为增强体质与健康，消费应与教育消费一样，成为人们家庭

消费的一部分。社会体育工作应当在开展群众性体育活动的同时，加强对人们体质投资和体育消费的引导，发展体育产业。

4.继承和创新社会体育文化

我国社会体育在其历史发展进程中创造了灿烂的社会体育文化。现实的社会体育，一方面继承了我国优秀的民族、民间传统体育，另一方面又学习和借鉴了外国的社会体育知识和技能，同时也在创造着具有我国特色的社会体育，丰富和延续中华民族社会体育文明。丰富、创新和发展具有中华民族特色的社会体育知识与技能是我国社会体育的重要任务。社会体育工作要不断为人民群众创造和提供科学文明、丰富多彩的社会体育知识和技能，不断完善和发展社会体育文化，为中华文明和人类文明做出贡献。

（四）实现我国社会体育目的与任务的基本途径

为了实现我国社会体育的目的与任务，必须做好不同类型的社会体育工作。这些社会体育工作均是达到社会体育目的与任务的途径。

1. 达到社会体育目的与完成任务的管理途径

（1）社会体育的管理对象

我国目前社会体育的主要管理对象是职业人群体育、老年人体育、妇女体育、残疾人体育等。

（2）社会体育的管理形态

我国目前社会体育管理形态是职工体育、城市社区体育、农村体育、俱乐部体育、家庭体育等。

2. 实现社会体育目的与任务的体育途径

（1）强身健体的体育途径

强身健体的途径，统称身体锻炼，包括现代体育的方法和中国传统的健身养生方法。对于正常人的，包括有氧运动、竞技运动、形体训练、健美运动，以及武术、太极运动和各种功法。对于病患者的，包括医疗体育、矫治体育和康复体育等。

（2）休闲娱乐的体育途径

休闲娱乐的体育途径，包括休闲体育、身体娱乐、社交体育、自然体育、极限运动等。

第五节　国内外社会体育的发展概况

一、国外大众体育的发展概况

（一）国外大众体育的发展背景

20 世纪 60 年代以来，发达资本主义国家政治、经济、文化等全方位发展，引起了体育领域的一场深刻变化。一方面以"奥林匹克运动"为主体的竞技体育沿着"更高、更快、更强"的轨道高速发展，另一方面掀起了以全体国民为主体的大众体育浪潮。体育真正进入千家万户，成为人们日常生活不可或缺的组成部分，形成了与奥林匹克运动交相辉映的"第二奥林匹克运动"，有人称之为"我们时代最主要的社会现象之一""是一项国家重要的社会政治任务"。国外大众体育的蓬勃发展，有其深刻的经济和社会背景。

1. 营养过剩造成"文明病"的蔓延

20 世纪 60 年代，世界经济进入高速增长期。工业发达国家的机械化电气化和自动化程度的提高，使现代化交通工具得到普及，信息技术飞速发展，同时也普遍形成了高工资、高物价、高消费的分配现象，使得人们的生活方式、生活水平随之发生了重大改变，人们对高热量食物（高糖、高脂、高蛋白）摄入量激增。此外，工业社会固有的激烈竞争，使人们承受着强烈的心理紧张感和压抑感。现代医学证明，营养过剩、运动不足以及精神紧张是引发人们心脏病、高血压、糖尿病、肥胖症、恶性肿瘤等一系列"文明病"的罪魁祸首。这些"文明病"在西方社会迅速蔓延，范围之广，危害之烈，令人触目惊心。进入 20 世纪 90 年代以来，"现代文明综合征"在西方社会更加肆虐。1995年，在美国导致人口死亡的病因排名前 6 位的分别是心血管疾病（32%）、癌症（23%）、脑血管疾病（7%）、慢性肺病（4.5%）、意外事故（3.8%）、肺炎或流行性感冒（3.6%）。其他工业发达国家也呈现了大体相同的状况，究其根本原因，可归结为以下三个方面。

①由于工业化，人们贪婪地向大自然疯狂索取，造成环境的极度恶化。许多导致死亡的病因与环境污染密切相关。

②由于现代的工作方式，人们运动的机会大大减少，这在无形中对脆弱的人体又造成了巨大的伤害。在美国，每年由于缺乏运动而被疾病夺去生命的人数至少有 30 万。这些"文明病"多由人们在社会生活中的不良生活方式所造成。因此，体育运动作为预防医学的一种形式已普遍受到重视，大众体育顺理成章地成为人们改善生活方式的一种工具。

③由于城市化的加快、竞争的加剧，人们承受了强烈的心理紧张感与压抑感。吸烟、

吸毒、酗酒、枪杀和其他不良行为无时无刻不在戕害着人类。在美国，单是吸烟和吸毒每年就至少夺走 46 万人的生命。

2. 余暇增多为大众体育创造了良好的条件

在工业发达国家，一般实行的是 8 小时工作制，周六、周日双休制度，弹性工作制，定期轮休制等劳动工作制度，因此职工的余暇时间得到了普遍延长。在日本，带薪节假日每年可达到 148 天；而德国职工每天的平均业余活动时间也从 1969 年的 5.6 小时上升到 1982 年的 8.7 小时，其中可自由支配的时间由 4.3 小时上升到 5.5 小时。随着时代的不断发展，人们越来越重视人性化管理，余暇时间的增加则充分体现了这一点。到了 20 世纪 80 年代，美国每人每年的工作时间比 20 世纪初减少了 20% ~ 25%。大量的余暇为大众体育的发展提供了必要的时间保证，同时由于余暇的大量增加，人们也需要通过参与体育活动来充实自己。例如，德国 1981 年用于体育运动（包括观赏）的社会总时间达 106 亿小时，人均为 300 小时，占业余时间的 10%。

3. 都市化是大众体育发展的物质基础

工业化的同时必然会促进城市化的出现，大量的人集中到城市，使得城市人口高度密集。据 1980 年的统计，美国城市人口占总人口的 82.7%，英国为 88.3%，法国为 78.3%，日本为 63.3%。城市人口的高度密集，为大规模社会体育活动的出现提供了必需的人员保证。例如，几百人的横渡海峡、几千人的自行车越野、上万人的马拉松比赛等。与此同时，大型体育设施和社会体育场所的建设也成了一种必然要求。

4. 产业结构的变化对大众体育的期望

科学技术的迅猛发展，不仅使社会生产力水平大幅度提高，而且带来了生产方式的根本性改变，社会生产由"劳动密集型"向"知识密集型"转变。从事非物质生产的人员持续增加，在社会各行业中，脑力劳动人数在全部就业人口中接近甚至超过半数。长时间伏案工作所造成的"运动不足""肌肉饥饿"严重影响人体健康，已成为普遍的社会问题。现今，大众体育已成为脑力劳动投资的一种必不可少的补充形式。

5. 老龄社会对大众体育的迫切需求

20 世纪中叶起，西方工业发达国家先后进入老龄化社会，医疗保健费用飞涨。1996 年，日本 65 岁以上的老龄人口已超过总人口的 12.8%，日本正式进入老龄化社会。据日本厚生劳动省统计，2000 年日本国民的医疗保健费用达 38 兆亿日元。在美国，1980 年、1990 年和 1996 年的三次统计显示，65 岁以上人口占总人口的比例分别为 11.2%、12.2% 和 12.8%，而美国政府要付出的医疗保健费用占国民生产总值的比例分别为 9.3%、12.6% 和 14.8%。资料记载，1996 年，美国政府用于国民医疗保健上的费用就达 1000 多亿美元。人口结构的重大变化，不仅给社会的政治、经济、福利等方面带来了巨大的冲击，而且在生产、环境、住房、家庭、消费、医疗保健等方面也引发了系列问题，增加了社会负担。

在此社会老龄化严重的背景下，一方面，通过开展大众体育，提高老年人的健康水平已成为普遍性的社会需要；另一方面，由于老年人对生命有着强烈的眷恋感，因此他们也对具有保持健康和延年益寿功能的体育运动格外重视。在现代大众体育活动中，老年人不仅是最积极的参与者，而且是一股非常重要的中坚力量。

6.大众体育是一种人力资本投资的形式

随着科学技术的发展和运用，西方工业发达国家开始把投资的重点由物资向人力进行转变，对人力资本的投资主要包括了教育、技术培训、体育和保健等。美国著名经济学家舒尔茨在论证人力资本投资时，把"延长公民的寿命和增进他们的体质"的保健措施列在人力资本投资的第一位，他认为这些保健措施"不仅提高了劳动力的数量，也能提高人力资源的质量"。据统计，在美国，由于职工患病或过早死亡给生产造成的损失年均为250亿美元，约占国民生产总值的3%，相当于1.3亿个工作日的经济效益。在一些国家，除国家投资体育外，各企业也采取各种措施鼓励职工进行体育锻炼。因为越来越多的企业家认识到"付钱给职工锻炼身体比他们因缺席、迟到、肢体障碍所造成的损失要少得多"。措施包括体育馆和健身房的投资与兴建、体育器材购置、租赁海滨浴场和高山滑雪场等，为职工参加体育活动提供完善的条件。此外，很多企业还把体育训练作为培训青年新职工的人力投资形式。

（二）国外大众体育的发展现状

20世纪中叶以后，国际政治、经济的发展为体育的大众化提供了可能性和必要性。伴随着体育大众化趋势，大众体育已逐渐社会化，体育的兴办已不像过去只局限于国家和教育机构，而是扩展到全社会的各个组成单位。经过几十年的发展，当代国外大众体育达到了较高的水平，主要表现在以下几方面。

1.政府重视、以法治本

为推动大众体育的发展，西方国家纷纷以政府行为参与体育。如美国专门成立了健康和体育总统委员会。加拿大政府于1976年建立了"业余体育和身体锻炼部"。在第二次世界大战后，法国各区、省政府大量投资兴建了公共体育场地设施，向社会开放。

为了保证人们参加体育锻炼的权利和义务的实现，西方各国在普及和发展大众体育的过程中制定了一系列法规制度，为大众体育的开展创造了良好的社会环境。许多体育发达国家均制定和颁布了体育法规，以指导和推动本国大众体育的深入开展。

2.组织机构群众化、基层化

在大众体育当中，组织工作是非常关键的。相对稳定的社会组织形式可以有效地把大众组织起来，并对其进行有指导的体育锻炼和比赛，这可以促使大众体育更加深入、广泛且持久地开展下去，对不断提高其质量也有重要的作用。国外的具体做法有：不断壮大以俱乐部为基础的社会体育组织，加强各社会群众组织间的密切合作，发展社区、庭院体育，建立企业基层体育组织等。

进入 20 世纪 90 年代后，各国政府为了加强对大众体育的领导，积极进行改革。在美国，为了强化实施"健康公民 2000 年"，政府以健康和社会福利部为最高领导机构，下设包括体育与健康总统委员会在内的 9 个联邦政府机构、52 个州的政府健康管理机构，以及 336 个全国性的社会团体。在英国，体育事业的政府主管机构是体育休闲局。在日本，1995 年 5 月通过的《地方分权推进法》，将政府对大众体育的行政管理转向基层社区管理，由严格的上下级行政隶属关系向充分发挥居民主观能动性的方向转变。

3. 以丰富的内容与形式普及大众体育

世界各国为了积极提倡和广泛推动各种各样全民体育活动的开展，以通过拓展家庭体育、体育探险和旅游等途径鼓励人们参加体育锻炼，并采用"体育节""体育日"等形式检阅大众体育所取得的成就。在美国，每年的 10 月 9 日被定为"跑步与健康日"；澳大利亚在 20 世纪 80 年代初推行"30 分钟活动"，号召每人每天抽 30 分钟时间进行积极休息；法国从 1972 年起，每年都会举办全国性的"跑步日""自行车日""徒步旅行日""游泳日""长距离滑雪日"活动；比利时推行"每家 1 公里"运动，即每个家庭成员都参加跑步，总长度不少于 1 公里；瑞典则在疗养地和夏令营中推进"休息日增强你的体质"运动；加拿大在 1971 年启动了一个全国性的健身计划，即《体育活动参与计划》，1976 年在政府设立"业余体育和身体锻炼部"，1990 年颁布《"积极人生"计划》，全国有 40% 以上的人经常参加健身锻炼。此外，许多东方国家也在传统节日里开展形式多样的体育活动，如日本将 10 月 10 日定为"体育节"。

4. 千方百计增加大众体育场地设施的容量

体育场地、设施是开展大众体育重要的物质条件。国外解决这个问题主要有两个基本方法：一是充分挖掘现有场地的潜力；二是统一规划、集资兴建和综合利用新场地。不少国家以法律形式明确规定所有体育场地要向公众开放。例如，日本政府于 1976 年颁布了推进学校体育场地、设施开放的法令，现在有 97.5% 的学校体育场地、设施已对外开放，这一法令很好地解决了大众体育对体育场地、设施的需求与供给不足的矛盾。

许多国家为推动大众体育发展，将体育设施的建设列入了城市建设规划。1960 年，德国开始启动为期 15 年的"黄金计划"，使德国的大众体育得到了大力发展。在过往的 20 年里，越来越多的人参加休闲、游戏和体育活动。自从"黄金计划"公布以来，体育俱乐部的会员人数从 1960 年的 520 万人增加到了 1984 年的 1900 万人。俱乐部的数量也从 3 万个增加到 6 万个，翻了一番。目前大约 30% 的德国公民参加了体育俱乐部。

5. 重视残疾人体育的开展

作为大众体育一部分的残疾人体育在国外受到普遍重视，一些国家定期举办残疾人体育节，不少体育俱乐部还设有残疾人锻炼小组。由于体育活动可以改善残疾人健康状况，同时提高残疾人生活的勇气和乐趣，克服自卑心理，加强与社会的接触和联系，许多国家号召健康人参与残疾人的体育运动，并以法律形式保障残疾人体育的开展。如《加拿大权利和自由宪章》中就规定禁止歧视残疾人参加体育，为残疾人提供适宜的体育活动条件，使他们同正常人一样参加体育锻炼。1978 年，美国奥委会还设置了伤残人运动委员会。现在，美国被公认是世界上开展残障人教育包括残障人体育最先进的国家。

6. 注重体质与健康监测，推动和指导全民健身活动的开展

在西方工业发达国家，关于全民健身领域的科学研究很受重视。以科学技术为依托，推动全民健身活动，指导全民健身活动的开展，其中特别注重将体质监测作为科研工作的一个重点。例如，1980 年法国政府制定了类似我国体育锻炼标准的体能普查制度，对全国 8 ～ 10 岁儿童的身体素质进行了多方面的测定。澳大利亚在 20 世纪 80 年代开展了"有规律进行身体锻炼与经济效益"的调查研究。美国从 1978 年开始进行了为期 10 年的少儿体质跟踪调研。在日本，为了能够及时掌握国民的体质和体能状况，各种形式的体育运动普查和测试不断被实施，通过这些测试的推广，可以大大提高国民参与大众体育的意识，同时达到推动大众体育开展的目的。

7. 充分利用宣传媒介，大力开展大众体育活动

近年来，充分利用各种宣传媒介已经成为各国开展大众体育活动的重要手段，为了得到更好的效果，为大众体育提出了一系列响亮的口号，这些口号可以充分调动大众参与的积极性，同时也可以使大众产生强烈的诱惑力和鼓动效应，在指导大众体育开展的过程中起到了不容忽视的助推作用。例如，德国开展的"有氧锻炼—130"活动；法国 1975 年在 120 个城市开展的名为"心脏健康之路"的跑步和走步活动，口号是"体育活动为健康所必需"；加拿大开展的"人人参加"等活动。这些活动的目的都是利用舆论来制造声势，从而动员更多的人参加到体育锻炼活动中来。除此之外，各国还会充分利用不同的媒介手段来进行大众体育的宣传，使其更加广泛、持久和深入，从而增强人们的体育意识，普及体育知识。

二、中国社会体育的发展概况

（一）中国社会体育的发展历程

中国是世界古代文明的发源地之一，历史上曾经创造了灿烂的古代体育，其中就包括具有较高保健医疗价值的导引养生术以及各种民间体育游戏活动。19 世纪后期，欧洲体育传入中国，首先在军队和学校中得以体现，进而面向社会传播开来。因为社会体育的参与主体是普通国民，所以其受到当时社会环境的制约，未能得到正常的发展。同时，加之当时连年战乱，国力虚弱，民不聊生，社会体育更是无法形成自己独立的社会形态。这一情形直到 1949 年新中国成立后才得以根本改变。在此后 60 多年中，我国的社会体育大约经历了以下 4 个阶段，即创业阶段（1949—1957 年），马鞍形发展阶段（1958—1976 年），恢复、发展与初步改革阶段（1977—1991 年），改革深化与发展阶段（1992

年至今）。下面进行具体阐述。

1. 创业阶段（1949—1957 年）

新中国成立之初，为了使国民适应社会主义建设和国防的需要，发展社会体育，改造衰弱的民族体质成为当时一项重要的任务。在这一阶段，社会体育的主要工作包括四个方面：①在中国体育发展的指导方针中确定了它的地位。②初步建立社会体育的组织体系。③初步改善社会体育的基本条件。④建立社会体育的规章制度，如劳动与卫国体育制度、广播操和工间操制度、职工体育制度、基层体协制度、产业体协制度等。

这一时期，也可以说是新中国社会体育发展的第一个"黄金时代"。这一阶段，社会体育在中华民族体质的改善、发展国民经济和保卫国防等方面有了显著的成效，同时也为社会体育今后的发展奠定了基本框架。而为政治与军事服务，也成了这一阶段的社会体育在功能上最鲜明的特点，即强调体育为生产服务、为国防服务，赋予了社会体育极强的政治功能，使之成为一项严肃的政治任务。

2. 马鞍形发展阶段（1958—1976 年）

1958—1962 年，体育活动陷入了一个低潮期，大多数群众停止了锻炼，不少体协悄然消失，社会体育几乎陷入了停顿状态。

1963 年起，国民经济形势开始好转，"体育战线"又恢复了生机，截至 1965 年，就已经有将近 250 万人投身其中。两年中，在劳动与卫国体育制度的基础上修订了青少年体育锻炼标准，试行过程中有 52 万多人达到标准。社会体育在短短几年内大起大落，使得人们对社会体育工作的规律有了深刻的认识：社会体育应遵循"业余、自愿、小型、多样，因时、因地、因人制宜"的原则。社会体育的发展不能超越国家经济水平，不能违背身体锻炼的客观规律。这一认识是对我国社会体育实践经验的科学总结，也是社会体育发展规律理论上的一次巨大飞跃，这标志着我国社会体育向实事求是、注重实效的方向转化。

3. 恢复、发展与初步改革阶段（1977—1991 年）

1978 年，党的十一届三中全会的召开标志着我国社会进入改革开放时期，我国各级各类社会体育组织得以迅速恢复并完善，有效推动了社会体育的发展。在这个新的社会环境中，社会体育进入了一个新的发展阶段并取得了巨大的成绩。

1990 年我国城市中全国性的行业体协总数达到 27 个，职工体育组织共有 10.2 万个，而各种运动队也达到了 55.3 万个，经常参加体育活动的人数增至 5000 余万人。活动内容也随之发生了转变，开始由过去以生产操、广播操、球类、武术为主的项目，扩展到健美操、体育舞蹈、气功、保龄球、网球门球等多样化项目，与此同时，一些新兴运动项目也随之出现，如高尔夫球、赛车、登山、攀岩、热气球等。

自 20 世纪 80 年代中期以来，社区体育开始在我国城市地区迅猛发展作为一种新的社会体育形态，其群众性和参与性更加突出。在农村各地的农村文化中心""青年之家""文化站"等地都把体育活动作为重要内容。现在我国拥有社会体育组织 3854 个，占全国街道办事处总数的 69%。平均每个街道有晨晚练活动站（点）5.3 个。

自 20 世纪 80 年代后期开始，我国体育改革拉开序幕。社会体育的改革也随之开始，例如：扩大社会体育组织结构中非体委系统的成分，加强群体工作中的协调与合作；开发行政拨款以外的经费来源；社会体育与校园文化、企业文化和乡村文化相结合；扶植群众自发的组织形式；等等。但是这些改革就总体而言，还没有脱离原有的计划经济体制。

随着改革开放的逐步深入，人们越来越清楚地认识到，现有的以计划经济体制为依托的社会体育体制，需要动大手术，否则既不能完成新时期中国体育所承担的任务，就是它本身的生存也会出现危机。

自 1985 年全国开始开展"争创体育先进县"活动，至 1996 年已有 5 批共 468 个县被列入"全国体育先进县"行列，占全国县级单位的 21%，这项活动的开展对农村体育工作起到了极大的推动作用。同时，随着我国社会经济体制改革的逐步深入和企业经营机制转换力度的加大，在多年计划经济体制下形成的社会体育发展模式也遭遇到了越来越多的困难。主要表现在两个方面：①高度集中而封闭的体育体制无法适应向市场经济转变的社会条件；②行政命令式的运行机制难以适应市场经济的价值规律、供求规律和竞争规律。

此外，由于行政手段对社会体育控制力的削弱及对体育人口约束力的衰减，使一些被动参与体育活动的群众流失，再加上其他业余文化生活不断出现，在余暇中产生竞争，这就导致了社会体育活动开展的难度大大增加。自 20 世纪 80 年代后期开始，我国体育改革拉开了序幕，社会体育的改革也随之开始。例如：社会体育与校园文化、企业文化和乡村文化相结合；扩大社会体育组织结构中非体委系统的成分，加强群体工作中的协调与合作，开发行政拨款外的经费来源；扶植群众自发的体育组织形式等。但总体看来，这些改革仍然没有脱离原有计划经济体制下的基本框架。

4. 改革深化与发展阶段（1992 年至今）

随着改革开放的持续发展和经济改革的深化，在此社会大背景下，人们越来越清楚地认识到，现有的以计划经济体制为依托的社会体育体制需要"动大手术"。否则，现有社会体育体制不仅不能完成新时期中国体育所承担的任务，而且自身的生存也会出现危机。20 世纪 90 年代初期以后，我国的社会体育便正式开始进入了改革深化与发展的新阶段。

（二）中国社会体育发展的现状

1995 年 6 月 20 日，国务院正式颁布了我国新时期的社会体育工作纲领性文件，即《全民健身计划纲要》。该文件从面向 21 世纪、提高民族素质的战略高度出发，对 20 世纪末到 2010 年我国社会体育的目标、任务、措施提出了新的明确要求。同年 8 月 29 日，由全国人大常委会审定通过，于当年 10 月 1 日开始施行的《体育法》，为维护广大人民群众参与体育的权利，落实全民健身计划提供了法律保障。随着《全民健身计划纲要》的出台与实施，我国的社会体育科学化程度得到了大幅提高。此外，一些其他举措也相继开展实行，例如：在对全国成年人体质研究的基础上制定了《中国成年人体质测定标准》；向全国征集健身方法，并出版了《中华体育健身方法》（一至四卷）；在全国推行《社会体育指导员技术等级制度》；1996 年度体育彩票公益金（国家体委提存部分）的 60% 用于建设全民健身活动场所，加之各省、市、区体育行政主管部门也按比例投入了一定的公益金，分阶段、分批在全国城市社区配套建设社会体育活动场地、设施，实行全民健身工程。

随着我国经济和社会各方面迅速发展、人民生活水平的明显提高和"双休日"制度的实施，广大群众的生活质量需求得以增长，余暇时间得以增加，这使得人们参与体育的热情也随之不断升高，这也为社会体育的广泛开展提供了良好的社会环境。在这种社会背景下，上述发展社会体育的重大措施的出台，确实使我国社会体育出现了前所未有的发展势头。并且这些改革措施正在极大地促进我国社会体育事业的发展，在诸如群体活动内容的完善与创新、体育事业基本要素的结构优化和功能改善，以及体育知识的普及、体育意识的培养、体育理论的发展等方面产生着积极影响。同时，这些改革措施不仅对企业的发展起到了画龙点睛的作用，促使企业的经济效益和社会效益越来越高，还在社会生产要素的改善、社会生产效率的提高、医疗费用的降低和社会稳定程度的提高等方面发挥着重大作用。在新中国成立初期的计划经济条件下，我国社会体育的基本格局得以确立，虽曾改革多次，但由于传统性和利益的冲突，从本质上还未彻底打破根深蒂固的封闭格局。那么如何才能将市场经济机制与公益性极强的社会体育事业正确地结合起来，则成为需要在理论和实践中不断深入探讨的问题。原有的管理体制与组织形式面临转型中不可避免的巨大困难，有的甚至已经出现了生存危机。继续深化社会体育改革，将成为新世纪发展社会体育以及为全面建设小康社会做出积极贡献的关键。随着我国经济与社会改革的不断发展，人民群众对体育项目的要求也不断增加，特别是对新兴社会体育项目的要求，更是日益迫切。开展社会体育的愿望也随之高涨起来，同时对健康和体育的需求也日益强烈。但一种能够更好适应社会主义市场经济的社会体育管理体制和良性循环的运行机制的建立仍需时日。因此新世纪社会体育的改革过程将是长期的、艰巨的，同时也是与社会体育的发展过程并进的。

（三）中国社会体育的发展趋势

1. 由政府走向社会

在新世纪，政府和民间组织之间会形成牢固的组织体系，进而突出民间体育团体的作用。居民体育联合会等基层民间组织会发挥健身、增强社会情感、深化体育意识扩大体育人口等多种功能，以完善社会体育的服务体系，在推进社会体育进程中发挥积极作用。随着社会保障体系的健全和完善，今后社会体育组织要以社区为中心不断发展。在城市，会更多地出现以社区为单位，组织居民进行体育活动的形式。这种以地域为中心的形式，使得基层组织间的横向联系得到加强，增大了人们的体育活动空间。

2. 由人治走向法治

随着我国改革开放的不断深入，对于社会体育的监督和调节将逐步通过法律形式来控制。自党的十一届三中全会召开之后，国家就制定和颁布了一系列多维视角下的社会体育研究。

体育行政法规，到 1992 年就有 442 件，随后，又制定并出台了《体育法》《社会体育指导员管理办法》《国民体质监测管理条例》《全民健身计划纲要》《社会体育指导员技术等级制度》《监督法》等一系列法律法规性文件，这些文件的出台形成了体育法规体系的初步框架，确保了以人治体向依法治体的转变，并加强了体育监督机制的建立，推进了社会体育法制现代化的进程。

3. 由行政走向市场

在社会主义市场经济体制下，社会体育必须面向市场、走向市场。社会体育的发展是我国体育产业发展的重要驱动力。体育人口的增加将会带动更多的体育消费，从而带动体育健身娱乐业及其相关经营性企业的发展，进一步扩大体育服务人口及体育服务体系建设。因此，成立体育市场的俱乐部和确立其运行机制对体育改革会有一定的深化意义。

4. 由经验走向科学

社会体育学是一个多学科、多层次结构的知识体系，它主要研究社会体育现象和揭示社会体育规律。目前，我国的社会体育学已经与世界大众体育接轨，并随着世界体育科学的发展呈现出体系化趋势。

（1）国民体质监测科学化是社会体育科学化的重点

国民体质监测的科学化，大体体现在监测网络、监测标准、监测设施和监测效益四个方面。要尽快完成监测点的科学布局，完善我国国民体质的监测标准体系，提高监测的社会效益和经济效益，扩大体质调查的规模，并将国民体质的发展变化情况纳入"社会发展与进步综合评价指标体系"。通过对国民体质的监测，了解国民体质状况，评价健身活动效果，指导社会体育活动开展，保证国民健康生活。

（2）社会体育方法手段科学化是保证社会体育质量的前提

社会体育最终总是要落实到人们采用一定的体育手段来实现体育的参与。因此体育方法手段的科学性直接关系到社会体育的质量。中国传统的健身方法对体育手段的科学性缺乏足够的重视，其科学依据不足影响了社会体育方的发展。20 世纪 60 年代以后出现的"运动处方"代表了体育科学发展的方向，大力发展"运动处方"可以大大提高社会体育的实效性和针对性。

当今世界科学技术飞速发展，新的科学技术和理论不断产生，广播、电视、电影、录像、通信卫星、计算机以及多媒体技术等都在社会体育中得到运用。社会体育手段和设备的现代化，改变了过去大众参与体育活动的单向沟通模式加强了双向交流，强化了社会体育指导员的指导咨询顾问的职能，促使大多数人更加积极、主动、创造性地参加体育活动。现代化手段与设备的采用，为社会体育的实用化，以及保证社会体育高度机动灵活、富有选择性提供了可能。人们可以根据自己的需要和兴趣，选择项目内容与方法，注重项目内容、管理理论的掌握和实际应用，增强体育锻炼的能力。

5.由服务生产走向服务生活

鉴于人们对社会体育内容选择的多样化，社会体育的内容结构将适应人们的需要而不断改善。根据参与者不同的生活环境、爱好和需要进行更为多样化的设计，更加贴近生活，更被群众所接受，使不同性别、年龄、爱好和身体状况的社会成员都能找到适合自己的活动内容。

第二章　社会体育与社会进步

社会体育与现代社会存在着密切联系，这些联系主要体现在与社会生产方式、生活方式、大众健康及文化建设四个方面。因此，本章从这四个方面来具体阐述社会体育与现代社会发展的关系。

第一节　社会体育与生产方式

一、生产方式概述

（一）生产方式的概念及内含涵

人类为了维持生活而获取必备资料的方式就是生产方式。生产方式为社会生活奠定一定的基础，同时也对社会发展起着决定性作用。生产方式一旦改变，社会性质也会随着变化。

生产方式包括两个方面的内容，即生产力和生产关系。

为了满足生存与发展的需要，人类必须从事一定的劳动，生产力和生产关系就是在人类的劳动中逐渐形成的。换言之，劳动的产物之一就是生产力与生产关系。二者不仅是劳动的产物，同时也是人类需要的产物。从这个意义上讲，人们需要的满足方式就是生产方式，这是生产方式的本质。

不管是什么形式的生产方式，无论这些生产方式之间存在多大的差别，它们终归有一个共同点，那就是必须按照人的需要来进行生产。这是由生产方式的本质——人们需要的满足方式决定的。以下对生产力与生产关系进行简单介绍。

1.生产力

生产力的形成需要有如下两个前提条件。

（1）人类生活需要的驱动。

（2）人们同自然界斗争的劳动实践。

也就是说，生产力只有在驱动与劳动中才可形成。倘若人们没有自己的需要，人类与自然不存在矛盾，不存在斗争的劳动实践，生产力就根本无法形成。

人的需要是人类同自然做斗争的劳动实践的内在动因，同时也是外在动力。倘若劳动实践失去了这一内在动因与外在动力，即失去了人的需要，生产力的发展便无从谈起。

综上所述，生产力不仅代表了一种属于人的能力，更属于一种满足人的需要的能力。

2，生产关系

若要让生产力满足人们的需要，就必须借助生产关系，因为生产力只有在一定的社会结构中才可满足人的需要。具体原因分析如下。

（1）作为社会现象中的一种，生产力不仅是人与自然的关系，而且是处在一定的社会结构中的人与自然的关系。

（2）生产力不仅是人与自然的矛盾与适应的过程，而且是以人的运动为唯一内容的人与自然的适应过程，因而必然同时表现为人与人之间的社会运动。

总而言之，"生产力与生产关系二者的有机统一完整地体现了人们在自然界和社会中如何满足自己的需要，以及能够满足到何种程度。因此，所谓生产方式，也就完整地构成了人们需要的满足方式。"

（二）生产方式的变迁

18世纪在英国开展的工业革命代表了工业时代的开始。工业革命的标志是自动纺织机和蒸汽机的发明。为电机的发明和基本化学工业提供科学基础的主要是电磁场理论（麦克斯韦尔）和原子论（道尔顿）。19世纪开始了化工、电气化和钢铁的时代，主要标志是电炉炼钢、内燃机汽车、电报、电灯、电话与飞机等的相继发明。

相对论与量子理论在20世纪初被创立，它们为合成化工技术、半导体技术和原子能技术的发展奠定了科学基础。20世纪下半叶，人类社会进入了信息时代，主要标志是半导体和集成电路技术、电子技术、个人电脑和全球化通信、多媒体网络及计算机的不断发展。

迄今为止，工业经济的历史只有200多年，虽然时间不长，但工业时代所创造的物质财富是农业经济时期无法企及的。工业经济具有如下几方面的特征。

（1）自然资源、资本、机器与产业工人、工程师（掌握工业生产知识与技能）和经营经理是工业经济的主要生产要素。

（2）社会化工业大生产是工业经济的主要生产方式。

（3）交通、能源与通信是工业经济的主要基础设施。

（4）纺织、钢铁、机电、汽车、化工、建筑等物质生产工业是工业经济的主要支柱产业。

世界于20世纪后期进入知识经济时期，这是工业经济之后新的发展时期。知识经济时代的特征与传统工业时期不同，主要表现在如下几方面。

第一，知识经济的发展主要依靠三个方面：首先是知识的创新，其次是知识的创造性应用，最后是知识的广泛传播。

第二，知识经济时代的支柱产业与传统工业时期的支柱产业不同，这工时期的支柱产业主要是新材料、信息、新能源、生物技术、环保、航空与航天、科技信息服务业和文化产业等。

第三，知识经济时期，国家和地区经济以及社会发展的重要基础设施和竞争力基础主要是国家和地区的创新体，具体包括知识创新、知识传播、技术创新和知识应用体系等。

第四，社会劳动结构在知识经济时期发生根本性改变，不仅是体力劳动发生改变，机器和电脑也会替代部分脑力劳动。

第五，多样化、个性化、艺术化是知识经济时代消费的主要特征。

第六，知识经济时代继承与发扬工业化社会的优良传统，摒弃违背社会发展规律的生产方式。这一时期，人们追求可持续发展，主要表现在两点。首先是生产、分配、生活及发展方式的可持续性。其次是人与自然的可持续性，重视地球生态和环境的保护。

第七，知识是这一时期社会发展的重要资源，也是世界各国合作与竞争的关键性因素。就像人们在农业经济时代重视土地，工业经济时代对资本的重视一样，人们在知识经济时代十分重视知识，重视对教育和科技的投资。知识经济时代的潮流将出现终身教育与学习，这一时期社，会上最重要的产业将会是科技和文化产业。

第八，知识经济是在信息化和经济全球化的背景下产生的，因此知识经济具有全球化合作与竞争的特征。

知识经济时代人们对体育的要求也会变得很强烈，人们会更加自觉地参加各种形式的体育运动，体育将成为人们生活中不可缺少的一部分。同时，这一时期对人们的体力和身体技能都提出了更新更高的要求，这些要求的目的都是促进入的全面协调发展。

二、社会体育与生产方式的关系

（一）生产方式对社会体育的影响

"对于生产方式的作用，马克思曾经指出：'物质生活的生产方式制约着整个社会生活、政治生活和精神生活的过程。'对于生产方式的这种作用的观点，恩格斯在总结唯物史观的伟大发现时做了进一步的解释，他说：'正像达尔文发现有机界的发展规律一样，马克思发现了人类历史的发展规律，即历来为繁茂芜杂的意识形态所掩盖着的一个简单事实：人们首先必须吃、喝、住、穿，然后才能从事政治、科学、艺术、宗教等，所以，直接的物质的生活资料的生产，因而一个民族或一个时代的一定的经济发展阶段，便构成为基础，人们的国家制度、法的观点、艺术以至宗教观念，就是从这个基础上发展起来的，因而，也必须由这个基础来解释，而不是像过去那样做得相反。'"

作为人类的一种社会活动，体育发展的基本节奏与社会的发展几乎是同步的。体育的发展根本上取决于人类经济活动的发展，生产方式又决定着人类经济活动的发展，生产方式也制约着人类社会不同时期体育的内容、性质和特征。下面简单分析一下生产方式对社会体育意识的影响。

1. 无体育意识时期

在生产力水平极其低下的时期，人类为了解决温饱问题，为了生存而从事生产劳动，劳动几乎耗尽了人们的全部精力，这时体育行为还不能够脱离生产活动而单独出现。这一时期各种各样的身体活动的最终目标都是为了生存，体育是作为维持人类生产与生活的必要手段出现的。体育和生产劳动是紧紧融为一体、难以分割的，人类在这一阶段对体育的认识还处于一种没有意识的状态。

2. 经验体育意识时期

随着生产力的不断发展，劳动生产率的发展步伐也逐渐加快，劳动产品除了用于消费之外，开始有了剩余产品，剩余产品促进了社会大分工（物质生产和精神生产）的产生。

社会分工是社会发展的必然趋势，它的出现具有如下两方面的原因。

（1）生产更加社会化，需要专门的管理人才和劳动者掌握一定的劳动技能，具备良好的身体素质，以适应劳动的需要。

（2）生产技术日益发展，社会经济不断丰富，需要劳动者掌握劳动技能，具有健壮的体魄，以专门研制和传授生产技术。

社会分工后出现了脑力劳动者，继而产生了学校，随之学校体育教育和学校体育也开始出现，并且学校体育已形成一定的体系。这一时期，人类对体育的价值已经有所意识，但这一意识只是基于经验水平的认识，并未科学理性地认识到体育真正的价值有哪些。经验体育意识时期主要表现有以下两种形式。

（1）自由型，指国家采取自由策略来发展体育，允许各种各样的体育活动通过社会各方面自主开展，对不同方向的体育人才进行培养。

（2）政治教化型，体育被国家当作是政治斗争的手段之一，被统治阶级所垄断。

3. 理性体育意识时期

人类发展进入以大工业生产为基础的时代后，劳动过程中分化出科学，在科学获得很大程度的发展后又转回来为实现生产科技化服务。科学服务于生产科技化具有以下三个结果。

（1）科学把革命的本质赋予生产，不断帮助小生产者摆脱狭隘经验，促进生产快速发展。

（2）科学使人力被自然力代替，个人的零碎经验被系统技术与知识代替，在机器生产面前，经验丰富的工人也不会有太大的可用性。

（3）科学使生产的管理过程程序化、技术化，使生产变成肉眼和感知无法把握的过程。

"随着大工业生产的自动化、科学化与机械化程度的逐渐提高，直接作用于劳动对象的体力劳动的比重不断下降，劳动过程逐渐智力化，导致综合性体力劳动突变到片面性体力工作，逐渐发展为脑力劳动增加和体力劳动减少，文明程度增高而体质下降，此时，积极追寻健康的体育就以崭新的面貌出现了。"

理性体育意识时期人类开始认识到劳动力再生产中体育发挥着重要的作用，体育在很大程度上能够提高劳动力水平。

4. 和谐体育意识时期伴随着大工业大机器的生产方式进一步发展。20 世纪 90 年代后，世界经济的发展开始有了新变化，人类社会开始进入知识经济时代。社会专业分工越来越细，全身性的传统劳动开始变为身体局部性的单调运作，由此系统化的体育思想和理论开始出现，多样化与整体化的体育方式和手段也随之产生，这些都使体育成为一种在人类社会中相对独立的文化形态。

和谐体育意识时期，社会体育已逐渐发展成为人类的一种自觉行为，体育与人类、社会、文化发展开始有机协调起来，从科学角度把握体育的发展，充分体现了社会体育的本性。

由于人类体育意识不断增强，体育手段开始出现一些竞技和游戏的方式，竞技体育之所以被人们接纳，原因有以下两点。

（1）竞技体育采用的是与日常身体活动不同的形式，这些形式的锻炼价值很高。

（2）竞技把人类的各种身体活动发挥到极致，归聚成各种各样的体育项目，人们很容易选择其中一种作为锻炼项目。

群众体育包含了有关健身、娱乐的许多形式，社会体育的手段发生了从量变至质变的过程，向着和谐体育意识阶段的需求进一步发展，主要表现在以下几点。

第一，社会体育手段由简单向复杂转变。

第二，社会体育手段由单调向多样转变。

第三，社会体育手段由分散向集中转变。

第四，社会体育手段由实用强身向娱乐健身转变。

需要注意的是，生产方式除了影响和制约社会体育意识之外，也会严重影响和制约社会体育的手段、方法、器材、场地、空间、经费、传播、信息、时间等方面。

（二）社会体育对生产方式的作用

生产方式所要求的主体是人，社会体育有利于人的素质的有效提高，其积极作用主要表现在以下几点。

1. 社会体育对劳动生产率的提高具有促进作用

经常参加体育锻炼，有利于人体各器官系统功能的有效改善，也利于劳动者肌肉力量的不断增强，促使劳动者拥有强盛的体力，旺盛的精力和较高的劳动效率。

2. 社会体育对劳动力具有修复作用

工业化时期，为了促进社会经济发展，需要不断加快发展工业的步伐，工业生产容易带来工业污染物，继而造成环境污染，环境污染会增加人患病的概率。

随着经济的快速发展，人们生活方式也不断发生改变，人民的生活水平有了显著提高，出现营养过剩，快节奏的生活使人们的精神压力剧增，高血压、高血脂、高血糖、消化不良、肥胖、糖尿病与神经衰弱等各种各样的"现代病"随之产生。这些现代病极大地威胁着人体的健康。

经常参加体育锻炼有利于上述疾病的预防与治疗，使人体的健康状况得到有效改善。体育是一项娱乐活动，它不仅有利于人的身体健康，同时对人的心理健康也是极为有利的。人们通过参加体育锻炼或是观看体育比赛，心灵都可以得到享受，感到无比快乐。这一作用在工业化社会中显得尤为突出，主要是因为工业生产的自动化、机械化与电气化需要劳动者具有高度集中的精神与注意力，注意力经常处于集中状态就容易感到精神疲劳，经常参加体育锻炼有助于精神疲劳的消除。

3. 社会体育对劳动力具有保护作用

社会体育对劳动力的保护作用主要体现在以下三个方面。

（1）降低发病的概率。

（2）减少工伤事故的发生。这一点主要体现在工矿企业。

（3）预防或减少职业病。

有规律地参加体育健身与锻炼的人能够使自身适应大自然的能力增强，抵抗疾病的能力得到提高。体育锻炼能够降低由于职业特点而对身体造成的消极影响，减轻对锻炼者身体局部机能的损害，降低发病概率。

4. 社会体育对劳动者具有培养作用

经常参加体育锻炼的青少年，身心会健康发展，也能够促进良好身体形态的形成，身体的运动能力会随锻炼不断提高，青少年逐渐成为健壮体魄的拥有者，从而成为一名身体上合格的劳动力。

5. 体育健身产业具有重要意义

工业化社会刺激了体育产业的产生，体育产业是为满足人们的精神、文化与健身等需要而出现的。体育健身产业从非独立行业逐渐演变为独立行业是社会分工与经济发展共同作用的结果，体育健身产业能够促进国民经济的发展，同时对国民经济其他部门的发展也具有积极作用。

第二节　社会体育与生活方式

一、生活方式概述

（一）生活方式的概念

生活方式指的是在某种价值观念指导下人们各种生活活动的形式，它包括四个方面的生活活动，即政治生活、物质生活、精神生活和社会生活。

"生活活动指人们的行为，即是在一定的空间与时间内，人们为了达到一定的目的，利用可以获得的物质条件和社会条件而采取的各种行动（包括为了与别人配合行动而必不可少的语言）。因此，生活方式是个人或群体在生产实践活动过程中，长期共同在特定生活环境中形成的全部活动模式。"

能够具体而生动地反映社会整体结构及其运行状况的形式便是生活方式，生活方式作为人类活动的一项重要内容和形式伴随人类始终，因此研究生活方式能帮助人们加深对社会运行规律的认识。

生活方式也是社会科学研究的重要范畴之一，主要是因为生活方式具有内在联系密切、形式多样、层次复杂以及内容丰富等几方面的特征。生活方式具有多种类别，简单概括为家庭生活方式、消费生活方式、学习生活方式和休闲生活方式等几大类别。生活方式各类别中，消费生活方式、休闲生活方式和家庭生活方式与社会体育的关系较为密切。

社会体育与人类的生活方式关系密切，人们认识到二者之间的相互作用，因此在一些国际组织中，以"生活方式包融体育""社会体育生活方式"作为行动纲领，许多国际会议也以这些行动总领作为研讨主题。我国推行的《全民健身计划纲要》中，明确表明全民健身活动有利于人们生活方式的改善，也有利于生活质量的极大提高。

（二）影响生活方式的因素

影响人类生活方式因素有很多，主要因素是生产方式、自然因素、经济因素、政治因素与文化因素等，下面做简单分析。

1. 生产方式

人们对采用哪种生活方式做出决定的前提是生产方式。人们生活活动的基本条件由生产活动创造而成，人类工作、吃饭、睡眠等最简单、最基本的生活模式由生产活动提供。而人们生活方式的不同主要由生产方式的差异造成。

农耕民族与游牧民族由于生产方式不同而导致生活方式也不同，农耕民族的主要食品是谷类、小麦，游牧民族的主要食品是肉类；即使都是农耕民族，他们的生活方式也因耕作生产方式和稻作生产方式的差异而有所不同；脑力劳动者与体力劳动者也因生产方式不同而生活方式各异。

2. 自然因素

自然因素的主要表现是自然地理环境，不同地区的生产方式有所不同，根源就来自各地的自然地理环境有所区别。地理与气候是人们赖以生存的自然地理环境，人们基本的生产与生活资料都是由这些自然环境提供的，超越自然环境去重新选择生产、生活方式的人几乎是不存在的。另外，即使同一地区或相邻地区，自然地理环境相似，生活方式也会表现出不同。

3. 经济因素

人们的生活水平由家庭收入水平决定，而家庭收入水平主要由经济发展水平决定。评价生活方式的指标有很多，生活水平就是其中之一。"生活水平指在某一社会生产发展阶段中，居民用以满足物质、文化生活需要的社会产品和劳务的消费程度。"不同国家的经济发展水平不同，这就决定了人们的消费方式存在差异。

判断国家、家庭和个人的富裕程度的方法通常是恩格尔系数（食品支出总额占个人消费支出总额的比重）。

4. 政治因素

不同的人际关系主要由不同的社会性质来决定，我国历史上主要有以下几个典型的生活方式。

（1）奴隶社会的奴役与被奴役的关系。

（2）封建社会的人身依附关系。

（3）资本主义社会的雇佣关系。

在我国，人们的生活方式也因自然经济、计划经济和市场经济的经济条件不同而差异显著。

5. 文化因素

民族传统文化也是深深影响人们生活方式的因素之一。世界各国各民族不同的生活方式一定程度上是受不同文化传统影响的。文化传统差异导致个性鲜明的不同生活方式与生活风格。不同地区人们的兴趣、爱好、习惯、价值观因不同的文化背景而有所不同，其风度与气质自然也不同，这些都会在人们的生活方式中表现出来。

综上所述，自然环境、社会环境、民族传统文化的不同都会使人们的生活方式复杂多变，个性突出。人们长期共同生活在一个特定自然与社会环境中，受到的传统文化教育也是一样的，因此这些人群的生活方式较为固定。

二、社会体育与生活方式的关系

（一）生活方式中影响社会体育的因素

影响社会体育的生活方式因素有行为习惯、自由时间、生活消费、生活空间以及生活节奏等，下面对这五个要素做简单分析。

1. 生活习惯

人们生活方式的重要组成部分之一以及人们生活方式的外部表现形式就是生活习惯。人们的生活习惯可以分为以下两点。

（1）良好的生活习惯：良好的生活习惯有助于人们积极参与体育锻炼，有利于人们的身体健康。

（2）不良的生活习惯：不良的生活习惯会抑制人们参与体育的积极性，使人们的健康水平下降。据调查，美国每年死于不健康生活方式的人高达200万。抽烟、吸毒、酗酒、无规律生活、营养不良、体育锻炼不足等不良的生活习惯是导致死亡的不健康生活方式的主要表现。

有些地区，人们的健康和体质状况深受民俗影响，而民俗又是由生活习惯形成的。例如，回族的穆斯林宗教仪式动作、节日民俗、卫生习惯及饮食禁忌等客观上有助于回族居民的养生与健身。但有些封建习俗会对人体的健康造成伤害。例如，封建时期的缠足会危害中国妇女的健康。

人们参加体育锻炼本身就是一种重要的体育行为，因此人们生活方式的重要构成因素也包括体育习惯、体育兴趣等。

2. 自由时间

一般情况下，人们度量生存活动的过程是以时间作为手段的。以昼夜的生存活动周期为划分依据，人们一天的全部时间支出可以被分为学习或工作时间和业余时间。

（1）学习或工作时间是消耗在生产和扩大再生产社会生活的物质条件和精神条件上的那部分必需的时间。

（2）组成业余时间的成分是比较复杂的，业余时间不可与自由时间完全等同。业余时间主要包括四部分。

第一，与工作有关联的时间，如上下班路途往返。

第二，满足生理需要的时间，如睡眠、吃饭。

第三，家务劳动时间，如扫地、擦桌子。

第四，自由时间。"自由时间也可以被称为余暇时间，指在一昼夜的全部时间结构里划出一切必要时间后所剩余的那部分由个人可以自由支配的时间，这种时间不能直接被生产劳动所吸收，而是用于娱乐和休息的，然而这部分时间在人类创造精神文明方面起着重要的作用。"

自由时间对人们生活方式的影响主要表现在自由时间的多少以及自由时间的支配质量。自由时间也是人们参加社会体育锻炼的重要条件之一。

3. 生活消费

生活消费是指人们使用物质资料来满足自己物质生活和精神生活的需要。消费的重要性主要表现在以下几点。

首先，消费是人的本性之一。

其次，良好的生活消费习惯是人类生存、享受和发展的重要条件。

再次，消费是社会再生产过程中的一个环节。

最后，消费是人们生存和恢复劳动力的必不可少的条件。

消费爱好、消费结构、消费水平、消费倾向以及消费方式等共同构成消费。人们的消费爱好、消费结构和消费水平与社会体育的关系最为密切。

（1）消费爱好

人们的文化程度高低、收入多少、参加体育活动的积极性大小以及认识体育运动的深浅等都是影响体育用品消费的有关因素。家庭体育用品消费的程度比例因家庭收入水平与文化程度不同而有所差异。这种区别表现为以下两点。

第一，家庭的收入水平越高，体育用品消费所占的比重也就越大。

第二，家庭的文化程度越高，体育用品消费支出也就越高。

（2）消费结构

消费结构指的是在消费这一行为中，人们所消费的类型不同的消费资料之间的比例。消费结构对社会体育的影响较为深远。消费结构中体育的地位主要由三个因素决定。首先是人们的消费水平，其次是人们的体育态度，最后是人们的体育价值观念。

（3）消费水平

家庭对社会产品和劳务的占有量就是消费水平。家庭的人均收入、家庭总收入、物价水平是影响消费水平的主要因素。人们对体育的投入受到消费水平的直接影响，家庭、地区和国家社会体育的规模和程度也在很大程度上受消费水平的影响。

4. 生活空间

每个人和每个家庭在现实生活中都有一个属于自己的生活空间。生活空间是生活方式中非常重要的要素之一，也是提高人们生活质量的前提条件。如果人们有非常狭窄的生活空间，就会有拥挤不堪的感觉。人们难以忍受空间狭小，生活在一个窄小的空间里的人，时常会有封闭的感觉。但是，人们如果拥有过大的生活空间，也同样会感到不适，会有一种孤独、空旷、被人忽视的感觉。所以人们要适度选择生活空间。

5. 生活节奏

现代社会的自身结构开始变得复杂多样，社会运动的时间节奏越来越充分地展现出由慢到快的变化趋势，这主要是由以下两个原因造成的。

（1）人类对自然界的开发向着广度和深度发展。

（2）人类社会外部环境的日益"人化"。

人们要想获得越来越多自由时间，就要付出相应的代价，生活节奏加快就是其中一个重要的代价。快速的生活节奏有利于生命效率的有效提高，大量的社会成员在快节奏的生活中经过快速的协调与配合，创造出更多的物质财富和精神财富，为社会做出了巨大贡献。在快节奏环境中生活的人会有生活充实、精神舒畅、生机勃勃的感觉，这种感觉使人们享受快节奏生活。

但是，快速的生活节奏也会引起一部分人的不适应，给他们的健康带来不良的影响，这一点需要引起人们的重视。经常参加社会体育活动与锻炼能够帮助人们适应不断变化的生活节奏，帮助人们调节因快节奏生活而导致的各种身心不适。

（二）生活方式转变对社会体育的影响

社会体育由于人们生活方式的转变而获得了良好的发展机遇，发展社会体育需要具备一定的时间条件和物质条件，生活方式的转变使这两方面的条件不断得到满足。主要表现在如下两个方面。

第一，由于人们的自由时间普遍增加，参加体育锻炼的时间和机会也会相应地增多，自由时间为《全民健身计划纲要》的落实，社会体育的开展，体育人口的发展提供了良好的时间条件。

第二，国家不断增加投入，家庭与个人的消费逐步增长，这些都有利于很好地改善社会体育经费短缺的状况，城市居民区的健身长廊、健身路径等体育设施大量出现，为人们参加体育活动提供了物质基础。

然而，快速转变的生活方式使我国在很多方面的思想准备还不够充分，社会体育在快速转变的生活方式下面临着新的问题，具体如下。

1. 自由时间的支配缺乏指导

1997 年国家统计局、全国总工会、中国人民银行总行、民政部、卫生部和劳动部 6家单位对全国 14977 位职工进行了"中国城市职工生活时间分配研究"的调查，这些员工来自我国 29 省 71 城市。调查表明我国职工平均每天的生活时间的分配如表 3-1 所示。

表 3-1　中国城市职工生活时间分配调查

时间分配	劳动时间	上下班路途时间	家务劳动时间	睡眠时间	学习阅览时间	文体娱乐时间	教育子女的时间	聊天时间
具体时间	5 小时 37分钟	39 分钟	2 小时 24分钟	7 小时 41分钟	55 分钟	1 小时 37分钟	42 分钟	1 小时 21分钟

目前，我国城市 16 岁以上人口每周自由时间可达 30 小时左右。这主要得益于以下几点原因。第一，社会不断发展，第二，家庭规模不断缩小，第三，社会服务系统及第三产业不断发展，第四，人们收入增长，生活水平不断提高。

然而，我国的城乡居民对自由时间的支配能力有限。"一种不能教会孩子支配自由时间的教育是一种不完整的教育，同样，一个不能引导人们善度余暇的社会也称不上是一个完善的社会。"因此，目前社会上一项重要的任务就是积极引导人们对自由时间进行文明、健康、合理的支配。我国居民的自由时间不断增多，许多城乡家庭都需要认真对怎样科学、文明、健康地去支配自由时间进行考虑。怎样把社会体育融入人们的生活中，社会体育怎样才能改变人们的生活方式，提高人们的生活质量，怎样把自由时间合理投入到体育运动中，这些都是现代社会中为树立生活新理念而必须考虑与解决的问题。

2. 人们的生活质量受到电视的影响

据调查，我国居民在支配自由时间中，用于体育活动的时间占自由时间的26.68%，排列第三位；阅读小说、报刊的时间占自由时间的44.04%，排列第二位；用于看电视和电影的时间约占自由时间的73.53%，排列第一位。调查数据可见，人们对自由时间的支配中用于看电视的时间较多，每天有61.50%的人用0.5~2小时来看电视，每天有33.90%的人花费2~4小时看电视，这些数据充分表明我国城乡居民在电视上每天停留较长的时间。这一调查能够基本反映我国居民对自由时间的支配情况，这也是大多数发展中国家居民对自由时间进行支配的普遍情况。因此，社会体育发展首先要解决的问题是，怎样让城乡居民抽出一部分看电视和电影的时间去参加体育锻炼活动，怎样从电视时代向后电视时代转变。

3. 快速的生活节奏带来种种问题

社会的不断发展与进步必然会带来快节奏的生活方式，人们必须学着不断适应快节奏生活。对于整个社会来说，快节奏的生活方式是难以改变的，人们必须自觉接受并尽快适应快节奏的社会生活，与之同步发展，因为人们无法退出一定的生产和生活方式。因此，尽管有些人的生活习惯与快节奏的生活不协调，但也必须学着适应它。现代社会中许多人都具有心理障碍，如身心紧张与焦虑等，甚至还出现一些心理疾病/心理障碍与疾病的出现都与快节奏生活密切相关。人们必须充分认识到社会体育对缓解社会与心理压力、预防心理疾病的重要意义。

4. 大量疾病的出现彰显出体育融入生活的重要性

20世纪五六十年代，我国城镇居民的死亡原因大都是传染病、新生儿疾病、呼吸系统疾病与营养性疾病等，20世纪90年代开始，疾病死亡大都由心脏病、脑血管疾病与恶性肿瘤等文明病导致，疾病死亡原因发生了本质变化，主要原因是人们的生活方式发生了急剧转变，特别是人们的饮食结构发生了变化，而且人们的体力支出在逐渐下降。疾病死亡原因的转变对社会体育的目的与任务、方法与手段都提出了重要问题。研究社会体育理论与实践的工作人员必须研究与解决的问题是，怎样通过居民疾病死亡原因让人们对社会体育的重要意义有一个深刻的认识，社会体育的健康计划和锻炼方案怎样依据中国城乡居民的身体变化来具体制定。

（三）社会体育对生活方式的积极影响

社会体育对生活方式的积极作用与影响突出表现在以下几点。

（1）社会体育能够使人体机能和体能保持最佳状态，有利于人们身心疲劳的消除，也是人类健康星活的重要保障。

（2）增加和发展社会体育消费，有助于优化家庭和个人的消费结构，使消费向合理化方向发展，有利于人们生活质量的提高。

（3）社会体育有利于人的劳动素质的提高，有利于全面发展人格的培养。

（4）社会体育有助于帮助人们消除恶习，使不良社会生活得到有力改善。实践表明，经常参加体验运动锻炼，有利于增进人体的健康，对慢性及非传染性疾病的发生具有一定的预防作用。

（5）社会体育使人们的闲暇时间变得充实，不同类型的社会体育活动能够帮助人们发散剩余精力，对各种社会危险起到一定的避免效果。

（6）社会体育能够使人们的审美观念发生改变，可以使人们的情感需求、精神需求以及文化需求得到满足。

（7）社会体育能够使人们的社会交往变得丰富，使人的精神经常处于一种饱满的状态。

（8）社会体育活动能够鼓励人们进行基本生活技能学习，从而使人们的生活能力与生活质量得到提高。

（9）快节奏的生活方式使人们的情绪处于紧张状态，参加社会体育活动可以使紧张情绪得到缓解，也有利于使人际关系变得融洽，对现代社会中由于竞争而产生的冷酷与孤独具有克服效果，还能够帮助人陶冶情操，体验人生真谛。社会体育活动能够使人较快地适应生活节奏的改变。

（10）社会体育作为交际手段，可以使人与人之间的社会距离逐渐缩短，使家庭成员之间的感情与交流不断增进，对促进家庭和睦具有重要作用。参加社会体育活动能使人们之间的理解、交流与合作不断加强，也可以使人的社会责任和道德价值观得到有效提高。

第三节　社会体育与大众健康

一、大众健康概述

（一）健康基础

1. 健康的概念及内涵

世界卫生组织 20 世纪 40 年代末期在其章程中这样定义健康："健康不是自我感觉良好的状态，健康是个体在身体上、精神上、社会上完全安宁的状态，而不仅仅是没有疾病和病症。"此后，世界卫生组织将道德标准加入健康定义与评价的指标中，更加全面地界定了健康的含义。健康的含义具有如下内涵。

（1）身体健康。一般人体生理上的健康就是身体健康。

（2）道德健康。道德健康的标志如下。

第一，不会为了满足自己的需要而损害他人利益。

第二，有辨别善恶、美丑、荣辱、是非等观念。

第三，能按社会规范约束、支配自己的行为。

第四，能为人的幸福做贡献。

（3）心理健康。通常，心理健康有如下三个标志。

第一，人格完整，自我感觉良好。情绪稳定，积极情绪比消极情绪多，自控能力较好，心理平衡能较好地保持，自尊、自爱，有信心和自知之明。

第二，在所处的环境中感到安全，可以有适当的焦虑感。

第三，未来生活目标明确，可以不断地进取，能够追求理想和事业。

（4）良好的社会适应能力。能随着复杂的环境变化而适当调整个体的社会行为，被社会中的其他人理解与接受，人际关系保持正常，受人欢迎。

2. 健康的十条标准

世界卫生组织提出了健康的十条标准，具体如下。"第一，精力充沛，能从容不迫地应付日常生活和工作的压力而不感到过分紧张。第二，处世乐观，态度积极，乐于承担责任，事无巨细不挑剔。第三，善于休息，睡眠良好。第四，应变能力强，能适应环境的各种变化。第五，能够抵抗一般性感冒和传染病。第六，体重适当，身材均匀，站立时头、肩、臂位置协调。第七，眼睛明亮，反应敏锐，眼睑不发炎。第八，牙齿清洁，无空洞，无痛感；齿龈颜色正常，不出血。第九，头发有光泽，无头屑。第十，肌肉、皮肤富有弹性，走路轻松有力。"

3. 健康的社会性特征

目前，人们的健康问题已经不仅仅是个体的问题，健康问题具有巨大的社会性特征，各种健康问题与疾病的出现都具有社会性，同样一种疾病很可能在一个大范围内的同一时期出现，同样的疾病很可能同时发生在某一个特殊人群身上。产生这些现象的原因如下。

（1）生产方式一致

一个时期的生产方式具有一致性，因此人们多会发生通病，即相同的职业病。在机器大生产时代，人们服从于机器而开展一切生产活动，机器对人造成的片面甚至畸形发展，往往会影响从事同一或相似工作的人。一些"白领"虽然不从事体力活动，但他们可能会出现相同的心理疾病。

（2）生活环境相同

生活环境相同很可能会大面积地流行环境疾病。同一地区的水、空气与土壤等环境几乎是相同的，当这些人类赖以生存的环境出现问题时，一个地区的人们几乎都会患上环境病，这也是健康社会性特性的表现。

（3）生活方式类似

类似的生活方式是导致"文明病"集中发生的主要原因。一个地区的人们的生活方式几乎是相同的，人们的起居、饮食、活动、医疗等方式是比较相似的，所以"文明病"会在同一地区的居民身上同时体现出来。

（4）医学发展水平的限制

医学的发展水平对疾病发生的共同性具有决定作用。医学的发展与进步可以治疗疾病，新药物的发明和全新的医疗手段能够有效治疗麻风病、肺结核等这些曾经被视为绝症的疾病，从而延长人们的寿命。而癌症、脑血管疾病与心血管疾病等以前没有受到充分重视的疾病会凸现出来，这就导致了疾病的出现具有广泛的流行性。

（5）人口流动性大

流行疾病的扩散与拥挤的城市生活和人口的流动性是分不开的。随着城市化的不断发展，农村越来越多的人口涌向城市，城市人口密度增加，因此倘若有急性传染病发生，传播速度就很快，其中一个典型案例就是 2003 年在我国和东南亚地区出现的"非典"。

（二）体质基础知识

1. 体质的定义

顾名思义，人的有机体的质量就是体质。体质反映了人体在生化、生理、形态和行为上相对稳定的特征，这些特征是在遗传的基础上由于变异导致的。体质既是人体生命活动水平的反映，也是人体运动水平的反映。

体质为人的生命活动和劳动工作能力提供了一定的物质基础。体质反映了人体的生命活动和身体运动是矛盾统一的关系，具体如下。

（1）统一性。身体运动的基础是生命活动，生命活动充分发展的必要条件是身体运动，生命活动是人自然属性的反应，身体运动是人社会属性的反应，因此，二者具有统一性。

（2）矛盾性。允许身体运动任意发展会对正常的生命运动运行造成损害，局限于生命活动的自然发展会对身体运动的发展产生限制作用，因此生命活动和身体运动又具有对立性。

综上所述，只有对生命活动和身体运动的对立统一性进行科学把握和处理，才能使人的身体处于极佳的发展状态。

体质与健康的含义不是完全相同的，二者之间的主要区别如下。

首先，体质具有长期稳定的特征，而健康具有短期性和易变性。

其次，健康状态相同的人，可能会有千差万别的体质状况；体质状况相同的人，受疾病的影响，短期内可能会出现不同的健康状况。

最后，体质的范围更广，还包括对人的劳动、生活以及运动能力的评价。

2. 体质强弱的评价指标体质好坏的评价指标有如下五点。

（1）生理生化功能水平。各器官与系统的工作效能、机体的新陈代谢功能。

（2）身体形态发育水平。身体组成成分、姿势、营养状况、体型、体格等。

（3）运动能力水平和身体素质。走、跳、跑、攀登、投等身体运动能力；速度、力量、灵敏、柔韧、耐力等在运动中表现出来的身体素质。

（4）适应能力。对外界环境条件的抗寒、抗热能力和对疾病的抵抗力。

（5）心理发展状态。包括本体感知能力、个体意志力、判断能力。

体质好坏的影响因素是来自多方面的，先天遗传对体质的发展具有一定的影响，但卫生、营养、身体运动和教育等后天因素也是影响体质好与坏的主要原因。促进体质增强最有效的措施之一就是有计划、有目的地参加体育运动。

现代社会经常使用"青少年体质""民族体质"等概念，主要是因为体质具有长期性、稳定性等特征，并与先天遗传关系密切，因此体质具有对较大群体以及若干代人的机体质量进行评价的意义。研究与评价体质带有很强的政治性质和民族主义性质，主要是因为国家兴衰与民族体质的强弱关系密切。

（三）亚健康基础知识

1. 亚健康的概念与分类

20 世纪 80 年代，国际医学界提出亚健康这一医学新概念，亚健康的提出代表了医学的一大进步。医学界曾经将人简单地区别为健康人与病人，亚健康这一概念提出后，开始在健康人与病人之间划分出了一个亚健康的群体。

亚健康也被称作"灰色健康""第三健康状态""亚临床期""临床前期""前病期"等。亚健康是一种患者感觉不舒服，但不能明确检查出有什么疾病，在健康与疾病之间徘徊的一种身心状态。

亚健康具有以下明显症状："疲乏无力、食欲不振、烦躁、失眠多梦、易发怒、胸闷、头晕、健忘、思维和想象能力降低、注意力不集中、头疼、记忆力下降、感觉迟钝、心悸、偏执、情绪低沉、消极悲观、容易沾染坏习惯、犹豫不决、现代生活综合征、双休日综合征、空调综合征、大楼综合征等形形色色的与现代生活有关的病症。"

亚健康不会停留在原有的状态中，它是一个变化的状态。亚健康或者转化为健康状态，这是需要自觉付出努力和代价的，或者转化为疾病状态，这是自发的，不需要付出努力与代价。亚健康者没有必要都去医院就诊，对于亚健康病者来说，最积极、有效、廉价的治疗措施就是参加体育与健身运动。

从不同的目的和角度对亚健康进行分类，可以分为以下几种程度。

（1）1度：特别健康者；

（2）2度：普通健康者；

（3）3度：需注意者（限制运动）；

（4）4度：需保护者（禁止运动）和病者（治疗）。

一般情况下，上述1度和2度统称为健康者，3度和4度统称为虚弱者。从理论层面看，1度特别健康者和2度普通健康者在体育运动中不易明确区分。2度与3度的人群统称为亚健康者，亚健康者能够通过体育运动转化为健康者。

2. 导致亚健康发生的原因

（1）营养过剩导致的疾病

随着社会的不断发展，人们的饮食结构也随之发生了很大变化。任何一个国家、城市或家庭只要经济发展起来，消耗的动物蛋白和动物脂肪必然会有所增加。1999年10月，美国医学会杂志上写明，肥胖已成为美国的一种流行病，与肥胖有关的疾病平均每年导致将近30万人死亡。

目前，肥胖人在我国很普遍，而且肥胖的发展趋势是：年龄越小，肥胖儿越多，并且开始从大城市逐步蔓延到中小城市和农村。一种被称为"腹部肥胖综合征"的疾病是与肥胖有关的典型疾病，"腹部肥胖综合征"会导致许多症状，如高血压、脂蛋白和脂质代谢紊乱与葡萄糖不耐受等。

2013年，中国疾病预防控制中心慢性非传染疾病预防控制中心最新的研究结果公布——2010年中国成年人中高血压患病率高达33.5%，据此估计患病总人数已突破3.3亿。尽管高血压人群如此庞大，但仍存在不知已高压、不知如何降压，不知如何用药控压等现状，导致血压控制不尽如人意。3.3亿的患病人群，相当于每3名成年人中就有1人是高血压，而在这3.3亿人中，有1.3亿人根本不知道自己得了高血压。这一研究还显示，我国高血压患病越来越年轻化，25—34 岁的年轻男性中高血压患病率高达20.4%。

（2）环境遭到严重破坏

目前，自然与生态环境面临着严峻的形势：物种灭绝，空气、土壤和水资源严重污染，土地沙漠化严重，这些都会危及人类的健康状况。人们健康水平的下降就是其肆无忌惮地破坏生态与自然环境而付出的代价。在这样的生态与自然环境中，人类要想保持身体健康已不是一件轻而易举的事情，但也不是一件无关紧要的事，人类为了生存、为了健康，必须积极解决环境问题。

（3）精神紧张

劳动密集是机械化时代的主要特征，这个时代的社会分工极为严格，劳动造成的疲劳属于局部性疲劳，主要表现在四肢上。现在人们的疲劳部位已经由四肢向大脑转化，而且伴随出现失眠现象，大脑的疾病不容易恢复，久而久之形成大脑疲劳的积蓄，最终影响身体健康。

现代社会生活环境变得日益紧张，激烈的社会竞争需要人们付出很大的健康代价才能维持生存。现代社会的特征之一是人们的精神处于高度紧张状态。现代社会，人们经常处于一种应激状态，这主要是由生活与工作的快节奏、社会关系的复杂性、社会角色的多重性以及社会竞争的激烈性决定的。此外，神经系统长期处于紧张状态以及抽烟、酗酒等行为导致人神经衰弱、精神失常，促使精神疾病不断增加。

精神高度紧张会导致许多精神性疾病。例如，腹泻、便秘、妇女月经失调、偏头疼、高血压、溃疡性结肠炎、心脏病、癌症、糖尿病、神经衰弱、神经过敏、狂躁忧郁以及精神分裂等。

（4）参加运动不积极

相关研究表明，在机械化程度较低的时代，人们的脑力支出与体力支出之比为 1：9，中等机械化时代，人们的脑力支出与体力支出之比转变为 4：6，全面自动化时代，人们的脑力支出与体力支出之比倒置为 9：1。大多数社会成员的基本工作方式就是长时间的伏案工作。"运动不足""肌肉饥饿"就是伏案工作的坐姿所造成的，这是社会存在的普遍性问题，对人体的健康构成威胁。长时间的伏案工作使人们的生产与生活技能水平不断下降，也导致许多重要的身体素质（灵敏性、协调性、平衡能力和力量等）不断降低，此外，人们遇到危险时（水灾、火灾、意外事故等）的自救能力也会降低。

二、亚健康与社会体育

（一）亚健康状态难以被传院医疗指标改变

许多国家从 20 世纪 60 年代后期开始都有一个需求迫切需要解决的问题，那就是国民医疗保健费用出现急剧增长。主要原因如下。

（1）人们不合理的生活方式导致慢性病，治疗慢性病的医疗措施不够先进。

（2）进入老年社会后，老年人口逐年增长，传统的医学措施对衰老引起的各种疾病的治疗效果不明显。

（3）治疗脑血管疾病、心血管疾病以及癌症的传统医疗措施较为落后，而这些疾病的治疗费用不断增长，超出了患者的经济水平。

西欧工业化国家首先出现人口老龄化现象，然后几乎所有发达国家都开始出现，人口老龄化现象在许多发展中国家很严重。"1965 年，美国老年人口占全国人口的 4%，15 年后占 11%，而且在老年人口中有 40% 为 75 岁以上的高龄老人。1989 年，据美国国家健康统计中心报告，到 2030 年美国因老龄化每年看病的人次要递增 318 万，医疗开支高达 1050 亿美元。以美国为例，从 1970 年到 1994 年全国用于健康的费用就增长了 13.4 倍。2000 年医疗费用在国民生产总值的比例达到 20%。根据美国医疗和社会福利部数据，2009 联邦政府在医疗上花费 8732 亿美元，州县地方政府花费 3172 亿美元，总计将达 11900 亿美元，占医疗总支出的 48%。"

综上所述，许多国家政府鼓励发展社会体育，积极促进社会体育发展的一个重要动因就是运用体育手段控制医疗费用的急剧增长。

（二）社会体育的作用受到广泛重视

为了使由于不良生活方式导致的各种社会疾病得到有效治疗，人们必须在医学中融入体育运动。因为在人们的生活方式之中，体育运动贯穿始终，并且对人们的生活方式具有良好的调节作用。体育运动能够预防人们由于营养、饮食、作息、体重等方面长期不良的习惯所导致的疾病。积极鼓励人们面向体育运动是促进人们身心健康的最好办法，也是治疗亚健康状态的一种最有效、方便、廉价与积极的方法。

人们把体育运动融入自己的生活方式中就是在向文明、健康与科学的生活方式靠近。人的生命质量一定程度上由是否采纳体育生活方式决定，人们的生理、心理、社会健康与体育生活方式关系密切。采取愉快、自由的体育生活方式能够促进人类认识能力与智力的提高与发展，能够促使人与人、自然及社会的沟通和交流更加轻松愉快，帮助人们成为健全人格的拥有者，使人们得到人生幸福完美的体验。

第四节　社会体育与社会文化

一、社会体育与企业文化建设

（一）职工体育是企业文化的一部分

职工体育是企业文化建设的重要内容，也是企业文化中不可或缺的重要部分。企业文化建设和职工体育具有相同的特征，具体表现在以下两点。

（1）企业文化建设和职工体育的核心都是人。

（2）企业文化建设和职工体育的最终目的都是逐步提高企业的经济效益，主要实现方式是改善职工的物质与精神文化生活。

（二）职工体育有利于企业形象的树立

企业外部公共关系的核心是企业形象，企业文化建设的重要内容之一就是良好的企业形象。企业要想受到社会大众和各新闻媒体的关注，使自己的知名度与认知度有所提高，使企业形象不断提升，企业的竞争力不断加强，最简单的方式与手段就是开展多种形式的职工体育，成立企业运动队。

（三）职工体育能够改善企业公共关系

职工体育的开展有助于企业领导之间、员工之间、领导与员工之间的关系变得更为和谐融洽，从而使企业内部的凝聚力得到提高，也使企业内部的气氛更加和谐与友善。主要是因为在体育活动或体育竞赛中，人们聚集在一起，比赛者与参观者之间可以更加直接、密切、平等、坦诚地交往。和谐的关系和融洽的气氛都有利于企业的文化建设。

（四）职工体育对企业价值观、精神与经营哲学的意义重大

企业职工对本企业生存与发展的目的和意义，以及对企业生产经营活动中的精神境界、理想追求的认识和评价就是企业价值观。职工体育的有效开展有助于全面塑造和培养职工的人格，有利于培育和巩固企业精神与企业经营哲学，有利于统一企业全体员工的思想与行动。

（五）职工体育对职工人格的培养具有重大意义

开展职工体育有助于职工健康人格的培养，职工的健康人格主要表现在良好的心理素质和优良品质上。例如，顽强勇敢、果断进取、沉着冷静、协作意识、竞争意识与社会责任感等。在体育活动中帮助企业职工培养这些良好的心理素质和优良品质，使他们

在劳动生产中充分运用这些品质，从而促进生产力的提高和企业整体效益的增长。

体育锻炼和比赛有利于职工竞争意识和独立意识的培养。职工将这种竞争意识引进现代化生产中，在企业中形成积极进取的良好风气，从而促进生产和企业文化建设的发展。

（六）职工体育能够促进企业职工的全面发展

企业提高职工素质，促进职工德智体全面发展的重要措施之一就是开展职工体育。职工体育有利于塑造与培养合格的职工，有利于提高职工的整体素质。职工体育对职工的全面促进作用表现在以下几点。

（1）职工体育运动能改善和提高职工的中枢神经系统的工作能力，使职工的头脑清醒，思维敏捷。

（2）职工体育能促进有机体的生长发育，提高职工的运动能力。

（3）职工体育能改善和提高职工的内脏器官功能和机能。

（4）职工体育能提高职工的环境适应能力。

（5）职工体育能调节职工的心理状态，使职工朝气蓬勃，充满活力。

（6）职工体育能防病治病，推迟衰老，延年益寿。

二、社会体育与社区文化建设

（一）社区体育能够丰富社区文化生活

社区体育提倡科学文明健康的生活方式，这一提倡是发展社区文化的有效方式之一，有助于居民生活质量的提高，也有利于社区稳定秩序的维护。体育活动属于一种休闲娱乐活动，休闲娱乐功能使得其具有较大的吸引力，许多居民受体育娱乐性的影响，积极参与其中。

居民参与体育活动促使居民业余文化生活的丰富，同时对不健康生活方式的侵蚀具有一定程度的抵御作用，对居民文化生活质量具有积极的改善作用。

（二）社区体育能够增强社区凝聚力

现代社会中，人们闲暇时间大多在社区内进行活动、新的社会调控体系可能被具有整合功能的社区所取代。社区体育的作用主要体现在以下几点。

（1）社区体育具有社会规范作用。

（2）社区体育能够满足居民的体育需求。

（3）社区体育能够丰富居民的业余文化生活。

（4）社区体育能够提高居民身心健康水平。

社区体育的这些积极影响使居民对社区产生强烈的依赖感和归属感，加强社区整合、增强社区凝聚力的主要途径之一便是社区体育。

三、社会体育与大众文化建设

（一）社会体育能够使社会的休闲娱乐文化得到充实

目前，人们具有越来越强的社会参与意识，有越来越多的人进行娱乐休闲都会选择运用体育运动的方式。当越来越多的人群接受休闲的概念后，人们就会不断地引进、开发社会体育，并为了满足人们的娱乐休闲需要而积极创造新的社会体育运动方式。

（二）社会体育能够使人的情感生活不断丰富

社会体育能够提供给人们复杂多样的情感体验，顺应人们对情感的多方面要求，具体体现在如下几方面。

（1）在健美体育运动中，人们能够体验音乐与运动的和谐，从而提高审美情趣。

（2）在家庭体育活动中，人们可以在和睦欢乐的气氛中享受天伦之乐和稳定感及归属感。

（3）在探险体育活动中，人们因征服自然而使自豪感和自信感得到增强。

（4）在大众体育活动中，人们可以得到对集体、社团的信赖感、依托感。

（5）在娱乐体育活动中，人们因愉悦感和舒适感而感到愉悦。

第三章　影响社会体育发展的因素

自觉参与体育活动是每个公民的权利，也是社会文明进步的标志。近年来随着"以人为本"的观念得到普遍认可，促进入包括身体在内的全面发展成为社会共识。我国各级政府和体育组织采取各种措施保障城乡居民参与体育的机会，使我国体育人口的数量不断增长。但是由于各种主客观原因的限制，并非每个人都能自觉地加入体育锻炼的行列中来，进而影响了社会体育的发展。社会的政治经济发展状况和社会文化环境，是影响社会体育发展的外在宏观因素；社会体育的体制、管理水平及硬件与软件条件是影响社会体育发展的中观因素；社会成员的体育意识、对体育的态度和知识水平是影响社会体育发展的微观因素。

影响社会体育发展的因素很多，可以简单地分为3类：体育自身以外的宏观因素，包括政治、经济、文化、传播媒介；体育自身因素的中观因素，包括体育体制、体育管理水平、体育管理者、体育场地设施；体育参与者的微观因素，包括家庭、教育程度、体育意识、心理和交际圈。

第一节　影响社会体育发展的宏观因素

一、政治

（一）不同政治制度影响着对社会体育的参与权利

政治制度决定了体育的领导权掌握在哪个阶级手中。统治阶级通过国家政权颁布法律、政策、法令，规定着体育的宗旨、方针、政策，由专门设立的体育机构，以强制性手段监督执行，并通过任命体育机构的领导人有效地掌握体育领导权。

谁能享受体育的权利，是判断和确定体育性质的标志之一。它是由政治制度决定的。如在我国奴隶社会，由于当时"学在官府"，教育权和受教育权掌握在统治阶级手中，教育表现出强烈的不平等性，奴隶主的子女可以进入学校学习包括体育在内的教育内容，接受体育技能的训练，从而有时间、有机会并且有能力参与体育训练；而奴隶的子女毫无接受正规教育的权利，只能靠长辈的口传心授学习一些劳动技能，没有权利参与体育锻炼。再如古埃及的自由民十分重视自己子女的教育，不仅强调道德和智力的培养，也十分关心身体健康。在古埃及有专门培养上层社会子弟的贵族学校和学校。古埃及人对安全分娩、婴儿养护、疾病治疗等已经有系统的知识。孩子从出生起，就受到各种保健护理。婴儿开始学步时，父母便让小孩光着身子在空气新鲜、阳关充足的户外尽情地活动、嬉戏。幼儿时期，给孩子玩各种玩具。少年阶段，玩蒙面猜人、捉迷藏、骑人马、滚铁环、抽陀螺、玩球戏等体育活动。青年时期，到户外做各种游戏和各种球类活动，参加跑跳、拳击、摔跤等强度较大的体育活动。比赛活动培养了古埃及青年团结合作、遵纪守法的品德。古代西西里史学家底奥里多说："古埃及人的生活方式仿佛是由一个按照身体健康的需要来确定生活制度的高明医生拟出的。"但是，古埃及森严的等级制度使上述活动仅仅限于以法老为代表的统治阶级内部。奴隶子弟学习的只是作坊劳动操作技巧。

在古代奥林匹克运动会上，由于政治和宗教的原因，运动员必须是希腊血统的自由民，在道德上没有污点，战俘、奴隶和异族人不得参加比赛，妇女连观看比赛的资格都没有。

在资本主义社会中，表面上受教育的（包括体育）权利好像是平等的，但实际上决定受教育权利的是金钱力量。在社会主义制度下，劳动人民成为国家的主人，成为生产资料的占有者，有了受教育的权利，在学校中可以接受平等的体育教育，有机会参加各种各样的体育活动。

（二）不同的政治体制影响参与热情

国家政治体制是指一个国家的权力划分、职能配置、组织机构及运行机制等关系模式的总和。一般来说，政治体制有 3 种类型：一是中央集权制，如苏联；二是地方分权制，如美国；三是结合型，如澳大利亚。

中央集权型的政治体制把国家权力集中在中央政府，由中央向地方发布行政命令，地方按命令执行，没有自主权，这种体制对集中有限的资源完成国家重大任务是十分有效的，但忽视地方积极主动性；地方分权的政治体制中，地方政府有很大自主权，可以自由决定辖区内的许多事，这种体制能使各地区按照自己的实际，制定发展措施，采取相应的手段，但也容易造成政出多门，甚至与中央政府利益冲突的情况；结合型政治体制努力集中前两种体制的优点，避免不足。

不同的政治体制对群众参与体育热情有重要影响，以我国改革开放前后为例，可以明显地发现这种影响。在改革开放前，我国实行苏联的中央集权的政治体制的模式，这种政治体制曾使我国迅速从一穷二白、千疮百孔的旧中国的阴影中解脱出来，成功地实现了由新民主主义革命向社会主义建设的迈进，应该说有着不可磨灭的历史功绩。在这种政治体制下，体育的内容方式主要是由国家政府决定的，是国家意志的体现。1952 年，毛泽东提出"发展体育运动，增强人民体质"的一个原因是当时国内百废待兴，刚刚经过 8 年抗日战争和 4 年放战争，一方面工农业生产亟待恢复发展，另一方面朝鲜战争的爆发，国民党试图趁机反攻大陆口在"抗美援朝，保家卫国""一切为了社会主义建设""一切为了保卫人民的胜利成果"这样的背景下，大众体育是有着强烈的政治色彩和国家意志的成分，广大人民群众也以极大的革命热情积极参加各种体育锻炼，随着 1954 年《劳动与卫国体育制度》在我国的全面展开，参与体育健身的热潮空前高涨。1958 年提出的体育"大跃进"，对我国大众体育产生很坏的影响。提出了一些不切实际的高指标，如要求在《劳卫制》通过率上，提 出 10 年内全国通过 2 亿人。关于农村的体育场馆建设，提出 5 年内每乡要有 2 个体育场、1 个体育馆、1 个游泳池的标准。不切实际的高指标导致一些地方体育浮夸风和形式主义的蔓延。出现了"体操城""全市劳卫化"，以及职工"挑灯夜战做体操"、农民"普及田间广播操"等，严重影响了广大群众的体育参与热情。"文化大革命"时期，群众体育遭受严重破坏，农村体育虽有畸形的"兴盛"，但由于特殊的历史原因，当时的体育活动项目只是体操、广播操等的表演，毫无选择的自由，只能使人民体育热情再次降低。

改革开放后，随着人民物质生活逐步丰富，广大人民群众要求享有更多的文化休闲活动的权利，要求可以自由选择体育活动的项目和方法。这样就要求改变原有政治体制中对社会体育的约束，随着我国政治体制改革的深入推进，按照"小政府，大社会"的模式，国家对体育的直接管理变为宏观调控，群众有充分的自由选择喜爱的体育项目。特 别 是 1995 年《全民健身计划纲要》和《体育法》的颁布实施，保障了广大人民的体育权利，群众参与体育的热情有了很大提高，从对我国体育人口的调查看，1996—2000年，我国体育人口增加了 1 000 万，这是一个很可观的数字，充分说明了人们的体育参与度的迅速提高。

（三）不同的政治需求决定了社会体育发展的内容

由于统治阶级占有生产资料，占有体育的支配权，可以通过国家的法律、命令等形式来影响社会上对不同体育内容的参与。

西周时期，由于统治阶级统治的需要，强调等级观念和伦理意识，则社会上体育参与的内容也是以礼仪教育为主。六艺中的"礼、乐、射、御"都或多或少含有体育的内容，但核心是"礼"，如讲究射礼的五射中的"襄尺"要求在尊卑者同射之时，不能并肩而立，卑者必须退后一尺，射礼要求"射不主皮"，并不强调力量而强调"明君臣之义，长幼之序"，对此孔子有一段自己的见解："君子无所争，必也射乎？揖让而升，下而饮，其争也君子。"这种情况下，社会上从事体育活动自然也就限于那些体现这种要求的活动。

在战乱纷起之时，军事体育必然兴盛，则社会以武术技击为代表的显示力量的体育项目受到欢迎。如《管子·小匡》中记述齐桓公向乡大夫征集拳勇人才时说："于子之乡，有拳勇股肱之力筋骨秀出于众者，有则以告，有而不以告，谓之蔽才"，同时还要治罪。在这种情况下，拳勇必受到社会重视，练习者必多。公元3世纪，西晋以后的黑暗政治和频繁战争，加深了封建统治者的危机感，因此，在统治阶层中十分流行聚敛财富和及时行乐的思想，此时由于玄学、道教、佛教的影响，人们往往以静息养生、升天成道为追求目标。随后在医家的影响下（如东晋的葛洪、南朝的陶弘景以及隋唐时期的巢元方、孙思邈等），开始由静向动静结合转化。

唐代由于天下太平，经济发展较快，体育娱乐活动也很快发展起来，即使是文人也常以剑术健身娱乐，如李白。一些人把剑术与舞蹈结合起来，创编具有独特娱乐欣赏价值的"剑舞"。棋类、蹴鞠、马球、步打球、木射等不仅在宫廷中开展，在民间也广为流行。另外，简便易行的体育娱乐活动，如荡秋千、放风筝、踢毽子、抽陀螺、拔河、跳绳等更是普遍，直至今天仍为中国民间体育娱乐活动的重要内容。中华民族的传统节日，如春节、端午、中秋等，成了广大劳动人民参加和观赏各种体育娱乐的盛大节日。唐代以后，由于社会处于经常性的动荡状态，统治阶级出于政治上需要，鼓励广大民众从事体育锻炼，特别是武术、弓箭等。社会上也出现了一些民间的体育社团。据记载，南宋京城临安有多种"社"，如练习弓、弩的"踏弩社""水弩社""锦标社"，打拳使棒的"英略社"等。当然也有一些统治阶级及其子女和富家子弟从事一些娱乐性的体育活动，如蹴鞠、下棋等。

鸦片战争使中国人遭受"几百年未有之耻辱"，中国要改变现状，首先要"强民力"，民众纷纷参与体育锻炼，有的从传统武术寻找出路，有的则学习西方体育，这时的社会上的体育活动均是从强烈的功利目的出发的，休闲娱乐体育几乎没有什么市场。这种渴望从体育上寻找解决国家民族出路的思想在我国持续了很长的时间。在新中国成立后，体育也是作为体现社会制度优越性和扩大政治影响的宣传工具而受到重视，在20世纪70年代和80年代，我们的"乒乓外交"和排球的"五连冠"使社会上掀起"乒乓球热"和"排球热"，不能不说是一个时代中政治影响体育的一个突出的表现。

今天随着政治体制改革的推进，随着"全面建设小康社会"目标的提出，国家政治对体育的影响正逐步淡化，群众对体育的自主选择和参与的热情高涨，但政治对体育的影响会始终存在，正逐步由直接控制变为宏观的调控.

二、经济

（一）经济发展水平影响着社会体育投入的数量

一个国家的经济发展水平决定对体育的投入数量。旧中国能用来训练和锻炼的体育场地4 982个,其中体育场馆、游泳池132个;新中国成立40年内兴建体育场地528 000个,其中体育场馆、游泳池 5 389 个。现在全国有近 60 万个各类体育场地，其中 70% 以上是改革开放以后兴建的。"九五"期间，全国公共体育设施建设加快，国家投入巨额资金兴建的 2 000 余处的"全民健身路径"，为城乡居民参加体育活动提供了方便，缓解了锻炼规模扩大和体育场馆数量不足的矛盾。在加大场地建设力度的同时，亦着力解决了公共体育场地资源的配置效益，构建群众体育多方筹措资金的体制和机制，经费保障系统的建设取得明显进展，政府继续加大群众体育投入的同时，努力构建社会化、多元化的群众体育筹资机制。仅以北京市为例，1995—2001 年，北京市公有体育设施的投资总额 2 亿余元（不包括大型体育场馆的资金投入），仅 2000 年、2001 年两年投入全民健身工程的总投资额超过 1 亿元。而这些都是与我国改革开放以来经济持续发展密不可分的。正是有了大量的体育场地设施，广大群众才可能参加经常性的体育锻炼。到了 2021 年，仅 2021 一年的体育产业总产出便有 31175 亿元，体育产业已有了长足发展。

（二）社会经济发展决定了人们闲暇时间的多少，进而影响对社会

体育的参与从拉丁词"Licere"演变而来的休闲原指"被允许"或"自由"，说明对休闲活动的选择是自由的，没有强制性色彩。很明显，个体自由选择休闲活动的观点是建立在"充足的闲暇时间"前提下的。随着社会进步和经济发展，人们的闲暇时间越来越多，简单地从我国休假时间的多少变化就可以反映出来。

早在周代我国就有休假制度。《礼 记·郊特性第十一》说："唯为社事，单（摩）出里"，由周代至战国时代，古人的假期大约都只有社日这一天，所谓"社日"，就是岁末。《说文》："冬至后三戌为腊，祭百神。"这种一年一度的"腊祭"，当时作为国人唯一的节假日，往往到了如孔子弟子子夏所说"一国之人皆若狂"的程度。西汉的休息日叫作"休沐"（休即休假），《汉律》称"官员每过 5 日一休沐、即每隔 5 天休假一次，谓之"五日休"，加上一些其他节假日，西汉时代官吏"休沐"之外，与民间同乐的节假日就有了 7 天，到了汉末，社日又分为春社和秋社，节假日就有了 8 天。

宋代以后，每岁节假日逐渐增多，北宋庞文英《文昌杂录》记载，祠部放假，即政府法定节假日，一年之中有 56 天之多。清朝中期，朝廷另设了一种"赏假"，供那些为国戍边、平乱、整饬吏治而立了功的人享用，如林则徐因病请求开缺，道光皇帝降旨赏假 3 个月。旬休制度一直延续到清代。随西方宗教传入，礼拜天一词在我国出现，辛亥革命后便实行星期日休息制了。1995 年，我国实行 5 天工作制，从 1999 年开始，我国实行五一、十一和春节 3 个长假，我国法定的休息日达到 114 天，人们有了大量的闲暇时间。

值得注意的是，闲暇时间和业余时间并不一样。业余时间包括了与工作有关联的时间（如上下班路途往返），满足生理需要（睡眠、吃饭）的时间、家务劳动时间和余暇。可见余暇（闲暇时间）只是业余时间的一部分，是个人可以自由支配的时间，主要用于

娱乐与休息。我国从 1995 年开始实行 5 天工作制，业余时间增多，相应的余暇也得到增加。王雅林等人在 1998 年 9 月对上海、天津、哈尔滨 3 城市调查显示：城市居民的闲暇时间已超过工作时间，成为仅次于满足生理需要时间的生活活动时间，一周中平均每天的闲暇时间为 336.99 分钟，占一天时间的 23.39%，休息日高于工作日两小时多，两者分别为 427.57 分钟和 300.76 分钟。闲暇时间的多少直接影响体育参与，而能得到多少闲暇时间是和社会经济发展水平息息相关的。如上述 3 城市居民平均每天用于体育锻炼和室外散步的时间为 20.40 分钟，占一天全部休闲时间的 6.05%，休息日高于工作日，分别为 24.57% 和 18.73%。

（四）经济发展水平也影响着体育结构和手段

改革开放前，甚至在 5 年前，广大群众的体育锻炼还多是追求身体健康，增强体质是最主要的目的，但近几年，情况发生了悄然变化，人们参加体育锻炼又增加了社会交际、心理调节、改善关系、教育子女等目的，出现了体育旅游、体育舞蹈、蹦极、跳伞、滑翔、攀岩、登山等深受大众喜爱的体育项目。这些体育项目多是要求有较好的经济基础，有一定的空闲时间，而这些正是随着经济发展，现代社会可以提供给我们的。

三、文化

不同文化影响对体育的态度，从而决定了体育的参与。

从地域方面考虑可以把文化分为东方文化和西方文化。西方文化倾向于科学精神，东方文化偏重于人文伦理精神。

如果以时代性为标准，我们又可以把文化划分传统文化和现代文化。

（一）不同文化的价值观决定了社会体育的内容和形式

东方儒家文化对体育的理解可以简单表述为：首先体育是传播伦理道德的途径和载体。儒家文化的基本价值在于伦理。"道之以德，齐之以礼。"把道德教化置于首位，这是儒家的特点。中国古代体育无论内容抑或形式都注重人伦道德（包含政治），寓德于体，把礼的观念植入体育伦理之中。儒家文化追求动静的统一，以静为主。孔子主张"仁者静""仁者寿""不肯以力闻"。古代体育的内容和形式表现为沉稳、中庸。两汉以后，儒释道融合，崇尚柔、静，和《易经》崇尚"刚健"和"自强不息"的思想互相补充，形成中国人顺乎自然的性格，导致了导引养生术、气功、太极等"以静制动""以柔克刚"的身体运动方式昌盛。儒学注重人与自然的和谐，事事讲究整体和全局的把握，追求天人合一，内部世界与外部环境的协调统一、个人身心平衡及其整个环境的平衡。传统体育中的气功、八段锦、太极等均强调"身心合一""神形兼备"。在儒家文化的影响下，中庸思想使有激烈竞争的体育项目不受国人的欢迎，而那些表现出谦和文雅的运动形式长时间盛行。在中国古代体育史上，除唐代马球外，几乎没有以"力度""野性"等张扬自我的体育运动。

西方文化则认为体育是获得幸福生活的手段。作为西方文明发源地的古希腊濒临大海，拥有世界上最曲折的海岸线。这种地理条件在相当程度上决定了希腊民族的生活方式，陶冶了希腊民族的性格：冒险、竞争、敢于同自然搏斗，崇拜英雄和力量。在希腊人的审美观念中，超人的力量、协调的动作、完善的技艺、发达的肌肉都是人类最美好最崇高的东西，是使人得以体验快乐、欢愉和幸福的要素。正是由于希腊民族的这种文化特性，使得竞技运动成了他们生活的一部分。现代西方体育的进步，除了经济发展的促进外，追求个人的幸福生活、提高生活生命质量也是原因之一。西方把体育作为培养平等竞争意识的一种手段。公元前 8 世纪，古希腊进入奴隶制城邦时期，其政治制度核心成分是自治、民主、法制、平等。这种民主的政治制度，使古希腊人形成了民主、自由、平等的人权意识，由此也使得体育运动注重人的主体意识、人的精神和价值的全面实现，形成了西方古代体育激烈的竞争性和开放性。古奥运会就诞生于这样一种民主平等的政治背景下，近代和现代西方国家更是注重通过体育运动来培养年青一代的自由平等的观念。古代西方体育的另一个目的是培养武士和运动员。古希腊城邦制时期，有几百个小城邦，相互之间战争不断，战争促使了体育的发展，体育最初又是与教育紧密结合的。古希腊的公民军制度使希腊公民全民皆兵，为了扩张和防卫，需要士兵有强壮的身体，以适应战争的需要，因此各城邦也采取各种运动方式来培养符合战争需要的人。在这种尚武风气下，运动成为每个公民的头等大事，强健的体魄成为良好教育的标志。近代西方资本主义国家把体育作为其进行文化扩张，输出其意识形态的工具。近代西方体育文化是随着帝国主义国家的尖船利炮、以强大的经济实力为后盾，席卷经济不发达地区，对东方体育文化是一个沉重的打击，中国体育文化就是在这样的背景下逐渐淡出学校体育内容之外。

（二）不同的文化影响社会体育的参与形式

东方传统文化中十分强调家的观念、宗族的观念。"不孝有三，无后为大"突出地反映出中国人的家族意识。在中国人的观念中，家不仅包括自己家庭中的成员，还涵盖了家族中的其他成员，甚至连朋友有时也包括在内。这种观念必然导致对体育的参与形式是集体式的、家族式的。首先，体育技能的传授是在家庭之内，或者在一个模拟的家庭关系之中，强调"师徒如父子"。其次，体育锻炼过程中，往往是以集体的形式进行。"打仗亲兄弟，上阵父子兵"形象地说明了中国人的亲情无处不在。我国有许多"体育之家""武术世家"等，近年来家庭体育也在许多地方又悄然兴起，成为社会体育参与的又一重要形式。马俊仁的田径队被称为"马家军"，米卢时代的中国足球队被唤为"米家军"，就充分说明中国体育中这种集体意识、家族意识的影响是很深的。对运动技能的掌握上，要求要标准，要一致，所以基本上中国人的师徒的技术特点、风格、长处甚至不足都是基本相似的，这也是集体的观念在技能掌握中的反映。

西方体育文化强调个人的价值。这和西方文化强调突出个性有很大的联系。西方社会中，在体育知识技能的传授过程中，学习者和教授者是两个平等的对象，不像东方文化中强调"师道尊严"；对体育技能掌握上，不要求整齐划一，允许不同风格，所以同一个老师的学生可能对一个动作的掌握有很大差异；在体育的参与方式上，西方更强调那些能表现个人的个性特点的项目，而不愿"随大流"，所以经常是以个人的项目为主。

（三）文化的交流可能改变社会体育态度和内容

因为不同文化对体育的理解不同，所以当不同的文化发生碰撞、交流后，原文化区的居民对体育的态度和参与的方式与内容可能会发生很大的变化。中国魏晋南北朝时期，北魏拓跋部有"控弦骑士四十余万"，骑兵力量十分强大，进入中原后除本身仍保留其骑射之长技外，对中原以及南方骑射的发展也产生了很大影响。又如源于古印度的佛教传到我国后，对中国的养生保健体育产生了一定的作用。唐代孙思邈在《千金要方》中，收集的受佛家影响的《天竺婆罗门按摩法十八势》，有明显的养生医病的作用。其他的像赵武灵王胡服骑射也是外来文化影响当地体育参与情况的例子。近代的鸦片战争后，中国向西方学习了现代体育，以体操、田径为代表的西方体育传入中国后，迎合了中国当时"鼓民力"的诉求，所以迅速得到推广，也为后来其他体育形式传入中国打通了道路。同样，近几十年，随着中国的对外开放政策，中国的一些传统体育形式也在国外得到传播和发展，如气功、武术和太极拳等。2008年奥运会将在中国北京举行，这将对中西体育文化的交流产生重要影响，中国体育文化将为丰富世界体育奉献自己的力量，同时西方体育活动的项目和观念也必将对中国人产生冲击。

四、传播媒介

（一）传播媒介把体育项目介绍给受众

传播媒介大致有4种类型：报纸、广播、电视、互联网。许多20世纪五六十年代出生的人是听着宋世雄那充满激情的解说了解和喜欢上乒乓球和排球运动的。80年代的电影《少林寺》让无数的孩子对武术产生了无限向往；如今的青少年也是在电视和互联网中知道了罗纳尔多、齐达内、劳尔和贝克汉姆。也正是传媒把足球、武术、跆拳道传播到世界各地，让千千万万的人参与各种各样的体育运动，并乐在其中。

由于科技手段发展日新月异，传播媒介在人们生活中越来越占据着重要地位。传播媒介的宣传报道可能对人们特别是年轻人的生活产生重要影响，可能产生某种流行和时尚。如20世纪80年代初，《少林寺》热映时，许多年轻人剃光了头发；乔丹时代，许多人穿上23号T恤……传播媒介不仅使人们增加了对体育的了解，更吸引了大量的人参与体育运动，从 20 世纪 70 年代起，我国先后掀起了"乒乓球热""排球热""武术热""篮球热"和"足球热"。在传媒影响下，近几年，蹦极、高山滑雪、热气球、攀岩、登山、旅游正成为新的大众体育热点。

（二）传播媒介可以培养人们的体育观念

传播媒介由于传播速度快、信息量大，受到许多人的关注，对人们的生活方式产生很大影响。现在人们每天在家看电视的时间大大超过以前，上网时间和频率也有很大增加，人们在满足自己视觉和听觉的需要的同时，自觉不自觉地会模仿媒介中人物的生活方式，接受一些新的观念。在这种情况下，利用传播媒介的作用来培养人们的体育意识，增强体育观念受到普遍重视，如有调查表明：

18% 的大学生承认自己的思想行为受大众传媒左右，76% 的大学生则认为大众传媒不足以左右自己原有的生活方式，但也不可以忽视这种影响。据中央电视台所做的《中国电视观众现状报告》："对体育节目的兴趣随着年龄的增长而递增，青年观众的收视兴趣较浓；男性观众的收视兴趣高于女性观众；城市观众兴趣高于农村观众；经济状况较好的观众兴趣高于经济状况较差的观众；随文化程度的增高，观众对体育节目的收视兴趣也渐渐浓厚。"2004 年初，中央电视台就在春节期间举办了一个"过年 7 天乐"节目，主题就是"过年 7 天乐，运动更快乐"，通过轻松幽默的形式向亿万观众传达了"关注健康，参与运动"的理念。正是在认识到传播媒介在培养体育意识、传播体育观念的作用，1997 年成都体育学院按照国家招生计划，正式招收体育新闻学方向硕士研究生 5 名。高等院校正式招收这一专业方向研究生，这无疑将促进体育观念的进一步传播。

（三）传播媒介为人们科学健身提供指导

为了适应人们健身的要求，许多传播媒介专门开设了一些栏目来介绍一些健身的科学知识。如"健美 5 分钟""专家教你打篮球""老年保健"等节目，为人们科学健身提供了指导，满足了人们健身的需求。

时下随着人们生活水平的改善和食品消费结构的变化，人们的营养摄入增加，而同时人们的日常生活中的体力消耗在不断减少，这导致一些疾病呈上升趋势；同时各种职业病也侵扰着人们的身心。在这种情况下，人们有强烈的健身愿望，但是现代生活的快节奏使人们或者无时间去参加系统的体育健身方面的培训，或者只能随意活动一下，缺乏科学锻炼并不能满足人们健身、减肥和康复的需要。于是报纸、电视、广播、互联网都开办了健身小知识等栏目，让观（听）众在轻松自然的环境中学习如何科学锻炼。

（四）传播媒介刺激人们参与体育消费

体育传播把精彩的比赛留给了观众，同时也让他们跃跃欲试，试图穿上鲨鱼皮，登上滑雪板，练几脚射门，灌几个篮筐。于是买来器材服装，到运动场上去练练；或者买上一些健身器在家练习，还有的干脆买票到比赛现场为自己心中的偶像加油呐喊。而这些都促进了体育消费的增长。

在传播媒介的宣传下，人们的观念发生了很大变化。很多人把参与体育锻炼作为健康投资的重要内容，自觉进行体育消费。以前很多人的锻炼多是散步、太极拳等传统的不需要很大投资或根本没有投资的项目，但现在人们的参与项目已经开始转向健身器、旅游、高尔夫等投资较多的项目。健身器的档次已经由几年前百元级向现在的千元级过渡。当然，传播媒介也可能占用太多的闲暇时间，致使人们没有时间参加体育锻炼。同时，由于受利益驱动，有时传播媒介也有可能对观众的体育参与产生误导。

第二节　影响社会体育发展的中观因素

一、体育体制

体制，顾名思义，是体系与机制的总和。体育体制是指一个国家中有关体育的责权划分、组织机构、职能配置、运行方式与运行机制等的总和。

体育体制是影响体育参与的一个重要因素。在我国计划经济条件下形成的体育体制中，国家在体育体制的权力划分中占支配地位，群众对于体育的参与往往是被动的，体育是社会福利事业，参与体育活动是一项严肃的政治任务而非自觉的娱乐休闲活动。不可否认，新中国成立初期，面临当时国内外的政治环境，为了打破外国敌对势力对我们的封锁和结交世界友好国家，国家政府把体育作为一座与外部世界交流信息的桥梁，发展竞技体育以在国际上提高国家声望，发展群众体育运动以提高劳动人民的身体素质，这种体育体制确实发挥了很重要的作用。特别是在"体育为人民服务"的体育思想指导下，把增强人民体质作为体育工作的根本任务。毛泽东同志在1952年题词"发展体育运动，增强人民体质"，在这个口号鼓动下，全国掀起了轰轰烈烈的群众体育运动，推行了劳卫制等制度。此外，在"普及与提高相结合"的口号指引下，积极发展竞技体育运动并取得了较好成绩，1956年，在经济发展水平还很落后的情况下，我国已经有体育项目打破了世界纪录。我国这个时候的体育体制主要是受当时苏联的影响，特别是凯洛夫的体育教育理论影响。

"苏联模式"使新中国的体育在一个有机地整体中运行，但是这种模式也有明显的缺陷：过分强调体育的阶级性，忽视不同社会制度下体育共性的东西，对资本主义的体育思想采取全盘否定，只在社会主义、新生力量、第三世界国家之间交流与合作；国内主要靠单纯的行政命令的方式达到绝对的严格的集中统一，群众体育也追求整齐划一的一致，忽视人民群众的自觉性、积极性和创造性，致使广大民众习惯于靠行政的命令去参与体育活动，缺乏内在的参与需要，并形成体育是社会的福利，参与体育是不需投资的思想观念，这种观念至今仍然在一些人的头脑中存在。

改革开放后，随着人民生活水平的提高，人民有了更多的文化娱乐的需要。随着社会主义市场经济体制的形成和发展，过去那种单纯依靠国家和行政的手段办体育的高度集中的体育体系正在被突破，一种新型的由国家调控、依托社会、服务群体、充满生机与活力的群众体育管理体制和运行机制正在逐步建立。伴随着体育市场的发育，家庭和个人的体育投资开始出现，部分居民已开始树立"花钱买健康"的观念，体育由福利型向消费型转变。这种新的体育体制由于顺应了时代发展，适应了新时期群众体育的需要，所以在促进群众体育发展方面发挥了重要作用。但我们也应看到，随着社会的不断发展，这种体育体制也必须与时俱进，不断发展改进，以推动群众体育的进一步发展。例如目前还存在国家对体育统得过死、管得太多的问题，社会力量涉足部分体育领域还有一定困难，一些体育产业仍然存在垄断经营等，这些都一定程度上阻碍了社会体育的健康发展，也影响了群众对体育的参与热情。

二、体育管理水平

（一）管理与管理思想变化

管理是指一定组织中的管理者，遵循事物的客观规律，运用合理的管理手段、方法和程序，对管理客体通过实施计划、组织和控制等职能，协调他人的活动，发挥各种资源的作用，共同实现既定的目标的活动过程。

人类出现后，在其各种活动中便产生了"群体"的概念。这个群体为了共同对付自然界的各种威胁和自身生存的挑战，在其内部就需要有一"召集人"，以便共同决定群体中的各种事物，这样就产生了管理活动。如《圣经·出谷记》中有这样的记载："从以色列人中挑选有才能的人，立他们做百姓的首领，作千夫长，百夫长，五十夫长，十夫长，他们随时审断百姓的案件，有难断的案件就呈到摩西那里，各种的小事由他们自己审判。"说明在《圣经》成书时，人们已经知道了分级管理的思想。

19世纪末20世纪初，美国管理学家泰勒创立"科学管理原理"，在随后的100多年内，管理理论发展大体经历了古典管理理论阶段、行为科学管理理论阶段和现代管理理论阶段3个阶段。同时管理思想发展经历了几个阶段的演化，首先是泰勒提出科学管理的概念。他提出的"经济人"假设，认为人最为关心的是如何提高自己的货币收入，或者说只要能使人得到经济利益，他愿意配合管理者挖掘他自身最大的潜能。20世纪的霍桑实验提出一种新的人性假设。科学管理把人当作经济人来看待，认为金钱是刺激人积极性的唯一动力。霍桑实验则证明人是一个社会人，影响人的劳动积极性的因素，除了物质利益之外，还有社会的心理的因素。每个人都有自己的特点，个体的观点和个性都会影响个人对上级命令的反应和工作的表现。因此应当把职工当作不同的个体来看待，当作社会人来对待，而不应将其视作无差别的机器或机器的一部分。与此相对应，管理者应重视人际关系的研究，把下属看作社会群体中的社会人。1957 年麦格雷戈提出 X 理论和 Y 理论。X 理论认为人是天生好逸恶劳的，不肯上进，以自我为中心，习惯于保守，把个人安全看得高于一切。因此管理者要以利润为出发点来考虑对人、财、物诸要素的运用，要把人视为物，把金钱当作人们工作的最主要的激励手段，对人采取胡萝卜、加大棒的管理方法。而 Y 理论认为人并非是懒的，而是积极要求工作的，只要管理适当，人们就会把个人目标和组织目标统一起来，一般人都具有相当高的解决问题的能力和想象力。在管理时要给人安排具有吸引力和富有意义的工作，鼓励人们参与自身目标和组织目标的制定，把责任最大限度地交给工作者，相信他们能自觉完成任务，用信任代替监督来促使人们尽其职责。

（二）体育管理体制类型

体育管理体制有如下类型。

1. 政府管理型

政府管理型体制的特点是政府设立专门的机构管理社会体育。政府的权力高度集中，并采用行政方式从宏观到微观各个层次进行全面管理，比如从制定总体发展规划，到组织各类活动以及评比表彰先进等。此外，各种社会体育组织管理则常常不具备实质性的管理功能。政府管理型的优点是有利于集中有限的资源，实现预期的目标，缺点是容易抑制社会对体育的支持和参与，因而在很大程度上限制了社会体育的发展。

2. 社会管理型

社会管理型的特点是社会体育主要由各种社会体育组织负责，政府一般不设立专门的体育管理机构，政府对于体育事务很少介入和干预，即使介入和干预，也常常采用立法或经济补贴方式间接地进行。

在多数采用社会管理体制的国家中，管理权力多数分散于各种社会体育组织中，因而可以称为分权型体制，美国的社会体育管理是比较典型的分权型体制，这种体制的最大特点是有利于发挥社会各方面的积极性，使各种体育组织内部进行不受外界干扰的有效管理，缺点是在大局上缺乏有力的协调和统一能力。而在一部分采用社会管理型体制的国家中，政府指定一两个社会体育组织行使社会体育管理权力，在这种情况下，社会体育管理权限相对集中，行使权力的组织虽然带有半官方性质，但本质上仍是具有法人资格的独立社会团体，如日本的财团法人、日本体育协会、新加坡的体育理事会、西班牙的最高体育理事会等。

3. 结合型

　　结合型社会体育管理体制是由政府和社会组织共同管理体育的管理体制，政府设立专门的社会体育管理机构，或指定几个组织负责管理社会体育。政府对社会体育实行宏观控制，即制定方针、政策，发挥协调、监督职能。社会体育组织在政府的宏观管理下，负责社会体育的业务管理，如制订项目发展规划、各种规章制度，组织训练和比赛，开展大众体育活动等。

（三）我国体育管理体制的变化

　　20 世纪 90 年代以前，我国政府行使着绝大部分的社会体育管理权，也就是说社会体育行为基本上是政府管理下的行为。我国最早的社会体育管理机构是 1949 年 10 月成立的中华全国体育总会，它的主要任务就是协助政府组织和推动群众体育活动，并可行使部分政府权力。1952 年 10 月，国务院成立了中华人民共和国体育运动委员会，其中的群众体育司是管理社会体育的主要职能部门。1955 年，全国总工会成立了体育部，它负责协调国家体委在机关和企事业单位开展体育活动。1956 年，国务院要求建立县级体委，1957 年，20 多个行业体育协会成立，至此我国社会体育管理体系基本建成，形成了政府占主导地位的社会体育管理体制。

　　在这种管理体制下，国家必然承担着绝大部分的经济义务，其主要管理手段也必然主要是行政手段。国家经济上的落后，导致社会体育经费的严重匮乏。社会体育本身缺乏造血功能，经济上不能自我创收，社会体育的发展不能呈现良性循环的局面，社会体育发展的物质条件得不到保证，这严重制约了社会体育的发展。

　　1958 年"大跃进"开始后，社会体育亦出现浮夸风，群众体育活动由自愿转为强制进行，十年"文化大革命"又使得有组织的体育活动几乎停止了。

　　1986 年 4 月，《国家体委关于体育体制改革的决定（草案）》拉开了社会体育改革的序幕 1990 年全国恢复了 27 个行业体育协会，并在部分地区出现了社区体育；1992 年，邓小平南方谈话后，社会体育开始了第二次创业；1992 年，在广东中山举行的体委主任会议上，提出了体育管理体制改革；1993 年，国家体委发出《关于深化体育改革的意见》，其意见是改革原来在计划经济体制下，过分依赖国家和主要依靠行政手段办体育的高度集中的体育体制，建立与社会主义市场经济体制相适应的，符合现代体育运动规律，国家调控、依托社会、自我发展、充满生机与活力的体育体制和良性循环的运行机制，形成国家办和社会办相结合的格局。

　　目前我国体育管理部门人员多数是退役后的体育运动员，在管理过程中主要是经验管理，一般较缺乏科学管理的理论。由于知识结构的缺陷，管理上常采取简单的甚至是粗暴的方法，在管理手段上缺乏创新。因为竞技体育工作容易出成绩多数管理者把主要注意力放在竞技体育上，主要强调金牌的数量，对群众体育很少重视。在群众体育活动的组织方面，2000 年群众体育现状调查表明，我国群众体育活动 60% 是自发组织的，体育协会的组织管理比例仅占 6.6%，虽然比 1997 年的 3.7% 有所增加，但还远远不够。同时，我国体育社团总体上仍处于初级发展阶段，目前还存在一些不容忽视的问题，如制度化问题和监督体系不健全等。但随着国家公务员制度的推行与完善，有一批掌握了科学管理方法的人开始进入体育管理岗位，随着国家体育体制改革的进一步推进，社会体育必然会受到更多的重视。

三、社会体育指导员

社会体育指导员是指在群众性体育活动中从事运动技能传授、科学健身指导和组织管理工作的人员。为了鼓励社会体育指导员积极从事社会体育工作，加强社会体育指导员队伍的建设与管理，国家体育总局于 1993 年 12 月颁布了《社会体育指导员等级制度》，并于 1994 年 6 月开始实施。社会体育指导员技术分为 4 个等级：三级、二级、一级、国家级。1995—1999 年 5 年间，我国社会体育指导员数量有了很大发展，1996 年 和 1997 年 比 1995 分 别 增 长 155% 和 63. 39%， 1998—1999 年社会体育指导员的平均年发展规模为 37 735 人。

四、场地设施

体育场地设施是群众参与体育活动的载体。改革开放以来，全国公共体育设施建设加快，国家投资兴建了大量的"全民健身路径""全民健身工程""全民健身中心"等。但这些体育设施仍无法满足人民不断增长的体育需求，同时这些场馆的分布多在学校和单位，社会上的场馆多数是豪华型，超过普通群众的消费能力。收费低或不收费的场馆多为篮球、足球、排球类，无法满足群众多样化的需要。

第三节　影响社会体育发展的微观因素

一、家庭

国外很早就注意通过家庭来影响人们参与社会体育活动，从而促进社会健康水平的提高。联邦德国从 1985 年推行"家庭体育奖章"制度，其目的是动员全家参加体育活动。这种奖章制度分两级：初级——布质纪念徽。全家共同参加一次大众体育活动（如 15 公里徒步旅行），每个家庭成员可得一枚布质纪念徽；高级铜质奖章。凡全家共同参加 3 次大众体育活动，每个家庭成员可得一枚铜质奖章。比利时推行"每家一千米计划"，即每个家庭成员都参加跑步，每周总长度不少于 1 000 米。美国设立总统体育奖：规定参加锻炼的家庭可以获得总统签署的证书。澳大利亚举行"找 30 分钟"运动，即每天每人抽出 30 分钟进行锻炼。类似的还有芬兰的"家庭滑雪运动"，埃及的"家庭马拉松"，利比亚的"家庭节日""家庭闲暇周"，"家庭友谊赛"，印度的"健身节慢跑活动"等。

一个家庭中，一人爱好体育，往往带动全家练习，从而出现大量的体育之家。我国许多优秀运动员都是在家庭的影响下走入体育竞技场的。随着人们健康观念的增强和对体育功能的认识，越来越多的家庭鼓励孩子参与体育锻炼。家长也往往身体力行，带领子女从事体育活动。这说明家庭对子女体育意识的培养有重要影响，同时家庭成员在体育活动过程中，可以相互指导，相互督促，保证科学有规律地进行体育健身。

二、受教育程度

随着社会生产力发展，社会对劳动者的素质要求也在不断提高，新中国成立以来，中国人的受教育程度在提升。从 2000 年第五次全国人口普查结果看，我国大陆 31 个省、自治区、直辖市和现役军人的人口中，接受大学（大专以上）教育的 4 571 万人；接受高中（含中专）教育的 14 109 万人；接受初中教育的 42 989 万人；接受小学教育的 45 191 万人（以上各种受教育程度包括各类学校的毕业生、肄业生和在校生）。同 1990 年第四次全国人口普查结果相比，每 10 万人中拥有大学程度的人由 1 422 人上升为 3 611 人，具有高中程度的人由 8 039 人上升为 11 146 人，具有小学程度的人由 37 057 人下降为 35 701 人。到 2003 年底，北京、上海两个城市接受高等教育的人均超过 50%，达到高等教育普及化阶段。一般来说，体育参与程度与受教育程度成正比，学历越高参与程度越高。一个人的学历与其职业有一定的联系，学历高的人一般能获得一个较高的社会地位，经济收入也较高，因此体育参与情况较好。

三、经济条件

个人经济条件不仅影响体育参与的程度，也影响体育参与的质量。经济条件比较好的人群，体育参与程度和质量优于较差的人群。

个人的经济条件，还决定了人们的体育消费层次，有什么样的经济条件，就会参与什么层次和程度的体育娱乐消费。

四、体育观念和需求因素

体育观念，是指人们对体育的基本认识，以及在这一认识基础上对体育在人生中的地位和价值观中的排序，它是影响社会体育参与的决定性因素。人的体育行为是受观念意识支配的，体育观念强的人，体育参与的行为就会持久、稳定，即使在时间少、条件差的情况下，也会创造条件去参加体育活动。而体育观念差的人，即使有充足的条件，也不会主动积极地去参加体育锻炼。人们的体育观念一般是在学校学习期间形成的，与家庭环境也有着重要关系，它影响人的一生。

个人对体育的需求也决定人们的体育参与。人们的健康需求、生命需求是参加体育的最重要、最基本的动因。一般来说，老年人、病患者都对体育有迫切的需求。青少年对社会体育的需求主要来自文化娱乐、休闲、健美和社会交往，这些需求往往不够稳定，容易受到外部条件的影响而改变。

人的体育观念与体育行为是相辅相成的，人们的体育观念可以形成体育行为，同样人们在体育行为中也可以加深体育观念，人们在体育活动过程中，得到了愉悦、健身的益处，会改变他们对体育的看法。

五、个人的身体状况

个人的身体状况是能否参加体育活动的前提，健康的人可以无忧无虑地享受体育和娱乐，处于亚健康状态的人需要用体育的方式改变亚健康，不健康的人则可能更多地求助于医疗卫生手段，在疾病急性发作期间的人则完全不适合参加体育活动。

六、个人生活方式

个人生活方式对体育参与影响很大，生活方式中的空闲时间、生活节奏、生活空间、生活消费等都会不同程度地让于人们参与体育。空闲时间的多少和支配方式是影响人们参与体育活动的重要因素。目前我国城市居民的空闲时间大多用于观看电视，这是影响社会体育参与、不利于居民健康的一种生活方式。

七、交际圈

荀子在《劝学篇》中说："蓬生麻中，不扶自直；白纱在泥，与之俱黑"；"故君子居必择乡，游必就士，所以防邪僻而近中正也"，这充分说明了环境对人的重要性。

当初孟母三迁，目的不外乎是为孟子创造一个良好的教育环境。寻找喜欢体育的人做友伴，实际上是为自己创造了一个体育锻炼的小环境。如果一个人的友伴多数喜欢锻炼的话，则这个人多半也会慢慢受到熏陶而喜欢上体育，但如果他周围的人，他的朋友们大多讨厌体育，则他有可能会远离体育。所以一个人的交际圈中体育氛围的浓淡对其有重要影响。

第四章 社会体育资源

社会体育资源是体育发展的重要基础和条件。随着现代体育运动的发展，合理地开发、利用以及共享体育资源，已经引起许多国家的高度重视。具备必要的人力、物力和财力资源是社会体育存在和发展的前提条件。本章主要阐述社会体育指导员、社会体育经费、社会体育场馆设施、社会体育产业。

第一节 社会体育指导员

一、社会体育指导员的内涵

社会体育指导员是指在社会体育中从事技能传授、锻炼指导和组织管理的工作人员。他们是发展我国体育事业，增进公民身心健康，提高生活质量，建设社会主义精神文明的一支重要力量。社会体育指导员作为社会体育的组织者、指导者、传播者，其作用的发挥对于社会体育的社会化、科学化、产业化和法制化都具有重要的影响。而作为社会体育指导员来说，他们不但得具有社会体育指导员的一般特征，还需要具备在社会这个特殊环境下工作的具体的和特殊的工作素质与能力。可以说在一定程度上社会体育指导员的质量直接影响到社会体育工作的开展。

二、社会体育指导员的基本素质

（一）高尚的道德品质

这是作为一名社会体育指导员的基本要求，也是最为重要的。高尚的人格，优秀的思想品德，加之积极的精神状态和良好的健康形象是胜任这份工作的第一步。

（二）良好的公关能力

一名社会体育指导员必须与群众保持广泛的联系。因此，他应有良好的公关能力、甘于奉献的精神、乐于助人的工作态度和广泛的兴趣爱好，以博得人们的喜爱，与人们建立良好的人际关系。

（三）系统的知识结构

社会体育指导员应具备基本的组织管理知识、锻炼指导知识和指导锻炼的技能。组织管理知识包括：社会体育的政策、法规以及同社会体育相关的经济、文化方面的政策法规；社会体育管理的原则与方法，社会体育活动的组织形式和工作计划以及各种体育活动与竞赛组织管理方面的理论知识。锻炼指导知识主要包括体育锻炼的基本原理，运动生理、医学、卫生、运动保健学方面的知识。指导锻炼的技能包括讲解的技能、示范的技能、保护帮助的技能、制订锻炼计划和评价锻炼效果的技能等。

（四）创造与科研能力

社会与科技不断发展，社会体育指导员面对的是不同的群体与个体，因此，他必须具备创造能力，去完成具有挑战性的工作。社会体育指导员还应该具有一定的科学研究能力，在社会体育工作中，认真观察、认真研究、尊重科学、勇于创新、不断总结，使自己成为一名复合型的体育人才。

三、社会体育指导员的工作职责

①进行体育活动指导及各种身体练习的基础指导，使人们掌握体育锻炼方法，学会科学锻炼。

②提高运动技术水平的专项技术指导，通过指导，使人们掌握正确的运动技术，并不断提高运动技术水平，甚至可以指导较高水平的运动技术。

③负责体育保健指导医学监督，并以科学的理论方法指导人们锻炼。

④负责制订体育锻炼计划。

⑤负责健康测定评价、体质测定评价。

⑥群众体育的组织管理，除了对已经组织起来的集团俱乐部进行组织管理，还要通过举办讲座教学活动将没有参加体育活动和没有组织的体育人口动员起来，组织起来。

⑦群众体育研究。

⑧宣传发动不参加体育活动的人参加到体育活动中来。

⑨商业体育设施指导和管理。

⑩健康管理和安全管理。

四、社会体育指导员的培养途径

随着社会主义市场经济体制的建立与发展，体育的社会化、大众化、产业化进程已大大加快，体育活动的主体也都发生了很大变化。随之而来的健身市场需求也越来越大。这使社会体育指导成为一种职业成为一种可能。

（一）高校培养高素质社会体育指导员

任何一项大规模的社会活动，都需要大量的专门人才。社会体育的发展也不例外。高校体育院系在体育专门人才培养方面占有绝对优势。高校的根本任务是为国家培养社会急需的各类人才。高校的体育教学应该并且能够承担起为社会培养社会体育指导员的任务。因为高校的体育师资力量比较雄厚，体育教学方法、手段比较完善，体育设施、器材比较完备，能够严格按照国家规定来评定社会体育指导员的资格。高校遍布全国各地，各高校都有一批爱好体育运动并且具有专业特长的学生，如加以重点（或定向）培养，那么每年都可为社会输送一批较高质量的社会体育指导员。

（二）加大培养社会体育指导员的力度

通过社会的培养渠道，能有效解决社会体育指导员不足的问题。但必须调动各方面的积极因素，加速人才培养。我国的社会体育指导员，有相当一部分在体育行政部门内，主要从事行政管理工作，很难直接参与社会体育的指导。因此，在专业技能和组织管理两类社会体育指导员中，应当大力培养和发展前者。他们更直接地面向社会，以传授和推广科学的健身方法的形式为广大群众服务。根据我国社会体育指导员的特点和锻炼群体的需要，可以将社会体育指导员分为健身健美类、医疗保健类、竞技运动类、休闲娱乐类等四类。这四类指导员可以涵盖社会体育的各个方面，可以根据锻炼者的不同健身需要进行指导工作。社会体育指导员的资格认证是社会体育指导管理工作的重要环节。通过考核被评定的社会体育指导员可以从事具体工作并按劳取酬。这可吸引更多的体育爱好者和体育工作者积极从事社会体育指导员的工作，对建立和完善我国社会体育的管理体制，将起到较大的促进作用，能有效地推进全民健身运动的广泛、深入、持久开展。当前，我国社会体育指导员四个等级的认证是由不同的行政级别来确定的。

五、社会体育指导员的活动

（一）社会体育指导员的组织活动

1. 组织管理

管理社会体育指导员的行政组织为体育局群体部门，主要负责社会体育指导员的资格审批发展规划监督管理等工作。社会体育指导员的业务一般由行政部门委托社会体育管理（指导）中心管理，主要负责社会体育指导员培训进修和指导行为规范等。社会体育管理（指导）中心又会委托社会体育指导员协会对社会体育指导员进行行业自律和权益维护工作。体育总会及各单项运动协会也会从运动项目发展角度加强对各项目指导员的培训和管理工作，从而形成一个较为完整的社会体育指导员管理体系。

2. 组织保障

社会体育指导员协会是社会体育指导员之家。它通过注册登记、学习交流支援帮助、规划实施、表彰监督等保障社会体育指导员的指导活动得以正常进行，正当权益得到维护。

通过培训获得社会体育指导员技术等级证书者，应及时到所在社区（体育指导站）进行注册登记并参加体育指导站组织的各项业务进修、体育指导活动。社会体育指导站应为登记者安排适当的指导岗位，并提供学习交流的机会和场所；支援社会体育指导员开展体育指导活动帮助其解决工作中的困难和问题；表彰积极参加活动者，向区县体育行政部门推荐优秀社会体育指导员参加先进评比活动；监督、规范社会体育指导员的指导行为；制定社会体育发展规划，鼓励社会体育指导员积极实施社会体育发展计划。省市及区县体育行政部门和社会体育指导员协会应为社会体育指导站提供经费、技术、信息及其他相关帮助，促进社会体育指导员素质的提高和队伍的壮大。

（二）社会体育指导员的指导活动

1. 技能指导

技能指导一般包括动作技术的讲解与示范、练习方法的指导、纠正错误和辅助练习指导保护帮助等。

动作技术的讲解要求指导者能正确描述动作过程解释动作要领讲解练习方法和注意事项等。技术的示范要求运用多种方式进行示范并能正确选择示范位置和时机。

练习方法的指导要求指导者能根据练习者的年龄性别体育基础，有针对性地组织练习活动。在练习过程中能正确地指导练习者进行准备活动，合理安排练习内容和时间，指导练习者进行最后的整理活动等。

指导者在指导过程中要注意观察练习情况，及时发现和纠正错误，并能通过有效的辅助练习，帮助练习者克服困难和纠正错误。在练习过程中，指导者要正确运用保护帮助方法，使练习者克服恐惧心理，尽快掌握动作技术。指导者应注意场地器材的安全问题，正确使用保护与帮助的辅助器材，确保练习过程的安全性。

2. 健身咨询

健身咨询一般包括体育保健健身知识宣传、健身方法介绍、常见病的体育康复指导等。

体育保健知识宣传要求指导者正确解释体育活动的生理、心理及社会健康功能，宣传体育在健康促进中的作用。

健身方法介绍要求指导者掌握多种健身方法，能够根据不同对象选择适宜的健身方案，并根据对象的要求调整健身方案。

常见病的体育康复指导要求指导者熟悉各种常见病的产生原因及防治方法。了解各种体育手段对控制疾病的作用，能根据病人的实际情况，制订有效的体育康复计划，并指导其实施体育康复计划。

3. 运动计划指导

运动计划指导一般包括疲劳诊断体力测定、运动项目推荐和运动计划指导等。

疲劳诊断要求指导员对疲劳产生的原因、发生的部位和消除疲劳的方法有一定的了解，以便为被诊断者提供适宜的运动计划。

体力测定要求指导者熟悉体能和身体素质的测试方法，能正确解释测试结果，并根据测试结果正确安排运动负荷。

运动项目推荐要求指导者根据对象情况正确确定锻炼目标和实施方案，帮助其掌握评价锻炼效果和调整计划的方法。

运动计划指导要求指导者根据对象实施运动计划的情况，对运动计划执行效果进行综合评价，并对今后实施运动计划提出修改意见和进一步发展要求，帮助其不断提高健身效果。

4. 体育组织管理

体育组织管理包括场地器材的布置和使用、练习活动的组织安排、事故的预防和处理等。

场地器材的布置与使用要求指导者能保证场地器材的整洁安全与和谐，以及使用上的方便。练习活动的组织安排要求指导者注意练习的科学性和健身效果，注意练习过程中的人际沟通和良性刺激作用。

事故的预防与处理要求指导者周密考虑事故发生的各种可能性，预先采取措施防止事故的发生，制定万一发生事故时的处理预案，以便将危害降到最低程度。

5. 社会体育研究

社会体育指导员要关注社会体育活动中产生的各种问题，研究解决问题的办法。要开发新的体育项目，研究新的练习方法，促进社会体育的健康发展。社会体育研究一般包括锻炼方法研究、指导方法研究、不同人群健身方法研究、体育组织管理研究等。

锻炼方法研究要求指导者研究各种动作及各种运动负荷对锻炼者身心发展的影响，选择适宜锻炼的方法指导其进行健身活动。

指导方法研究要求指导者研究运动特性找出关键技术降低学习难度,普及体育运动。

不同人群健身方法研究要求指导者掌握不同人群的身心特点和生活规律，选择适宜运动项目，制订合理运动计划。

体育组织管理研究要求指导员熟悉各种规章制度以及组织管理知识，针对组织成员具体情况，研究有效的组织管理措施。

第二节　社会体育经费

一、社会体育经费的筹集

（一）筹集社会体育经费的要求

1. 广辟财源

社会体育是体育事业不可缺少的组成部分，是一项社会性、地域性很强的事业，具有多元辐射功能。社会体育组织应解放思想，更新观念，充分利用市场经济的规律和政策，深入调动社会各方面的积极性，开辟多种经费来源渠道，同时，社会体育部门还必须积极主动地争取党政领导的重视与支持，将社会体育工作的近期和长期发展规划纳入国家与地方国民经济发展计划，提高各级财政部门投资的积极性、计划性、稳定性和投资的力度。

2. 依法筹资

对于不同的筹资方式和不同性质体育单位所允许使用的筹资手段，国家均有相应的法律、法令、条例规定，体育单位必须严格遵守执行这些规定。遵守国家法令，符合党的政策，依法筹资是社会体育经费筹集的基本前提。

3. 满足需要

应本着"满足需要，减少占有"的精神，合理确定筹资数量，科学选择不同的筹资方式和筹资方式结构，尽量降低成本，提高筹资效益。

4. 合理举债

筹资风险的大小与借入资金的比例成正比。筹资风险增大即存在获取高额风险报酬的可能，也潜伏着更大的风险。社会体育单位不可盲目提高负债比重，应根据社会资金的流动速度和自身情况，明确举债用途，科学确定举债数额限度，确定合理的自有资金与借入资金的比例，充分考虑举债承受能力和偿还能力，把握风险，使损失小而收益大

（二）筹集社会体育经费的途径

1. 财政拨款

我国政府财政拨款有两种形式：一种是财政直接对体育拨款，中央财政拨款用于中央体育事业，地方财政拨款用于地方体育事业。另一种是财政间接对体育事业拨款。这是国家各部门间接用于体育的拨款，主要用于本部门的体育活动。学校的体育经费是含在教育经费之中拨给教育部门，军队的体育经费是含在国防经费中拨给国防部，残疾人体育事业的经费是含在民政经费中拨给民政部等。

除了国家财政拨款外,各部门和单位也要为本系统的体育活动开展拨出一定的经费,用于建设体育设施、购置体育器材和组织各种体育活动等。各级工会、共青团、妇联等社会团体也要拨出一定的经费举办福利性体育活动,目的是增进本团体成员的身体健康,加强他们团体的凝聚力,丰富他们的业余文化生活。在市场经济条件下,体育企业组织自己经营、自负盈亏,体育企业拨款的数量应该由企业的需要和经济的可能性来决定,政府无权进行行政干预。

2. 社会集资

社会体育作为一项社会公益事业,政府有发展它的责任,社会各界也有发展它的义务。社会体育事业的全民性、社会性、公益性决定了体育经费只靠财政不仅是不现实的,也是不合理的,必须广开财源,通过社会集资渠道来筹集体育事业经费。在我国,社会集资的主要途径是发行体育彩票、接受捐助、集资、社会赞助等收入。

3. 社会体育产业与基金会

社会体育的管理组织与部门,应充分利用国家长期以来所投资的社会体育场馆设施,挖掘潜力,利用自身的物质条件,提供优质的体育服务,积极自筹资金,多方组织收入。要通过体育产业开发,建立以公益性为主体的群众体育俱乐部,充分利用各种运动场地、设备和器材,开展有偿经营、有偿服务和租赁业务;组织社会体育基金会,有效利用社会集资、发行体育彩票、协会会费、各种形式的社会赞助、个人捐款、居民收费、广告费等形式,努力为社会体育事业的发展筹集资金。

4. 结转资金

上一财政年度的结转资金,也是社会体育筹资的一个途径。由于社会体育财力资源管理一般都实行自负盈亏、结存留用的形式,因此,要求各级社会体育管理组织与部门,应加强社会体育财力资源的有效管理,合理分配与使用经费,节约开支,扩大结转资金,以满足较大投资的需求。

5. 争取专项补贴

各级社会体育管理组织部门在社会体育财力资源的使用安排上,一般都留有一定数额的机动资金。下级社会体育组织应经常向上级有关部门联系,主动及时地汇报工作计划和进展情况,实事求是地反映具体困难,争取上级部门的理解,使之在机动财力上给予力所能及的关心和支持。

二、社会体育经费的分配与使用

(一) 社会体育经费的分配

1. 社会体育经费分配的原则

①效益原则。效益原则要求以经费使用的预期收益作为经费分配的首要尺度,按照"评估投入—再评估—再投入"操作方式去动态地配置体育经费。效益既包括社会效益,

也包括经济效益，不能单纯地以经济效益或社会效益的好坏来决定经费拨付的额度。

②目标定位原则。目标定位原则就是要合理划分各类体育投资的领域和范围。例如，财政投入的体育经费只能投入基础性建设、基础性研究，以及一些尚无条件走向市场的奥运项目；社会筹集的体育经费，尤其是各类专项基金，在分配上要尽可能体现捐资人的意志，主要用于全民健身计划的实施，以体现"取之于民，用之于民"的宗旨；来自产业创收的体育经费则应作为体育产业的投资，重点用于发展体育本体产业，以促进我国体育产业步入良性循环。

2.社会体育经费分配的形式

体育事业经费的分配一般有两种形式：一种是按工作类别进行指令性分配；另一种是按各单位需要实行经费包干。

体育事业经费指令性分配的依据：各单位近几年经费开支情况，特别是上一年度情况；现有的财力情况，即可分配的经费数额；各单位实际业务需要和发展计划；上级有关经费分配的方针、政策、批示和决定；各单位实际工作成果和经营能力。

按各单位需要实行经费包干、结余留用、超支不补。实行经费包干的具体做法很多，一般步骤是：拟订经费分配计划；召集有关单位领导讨论预分方案；确定和下达资金分配计划；颁布资金使用管理的奖惩条例和政策。

（二）社会体育经费的使用

1.社会体育经费的使用要求

①单位根据上级批准的预算，对内部各部门实行经费指标控制，按经费使用的管理权限报有关领导批准后，由单位财务部审核报销。

②各项支出的报销，必须要有合法凭证。

③人员经费支出必须严格按照国家规定的人员编制、预算定额、开支标准和工资计划执行，不得自行提高各种补贴。

④在预算的额度内的各项经费开支或承包经费范围内开支实行实报实销。

⑤新添固定资产必须验收后才能报销。

⑥对实行差额预算管理的单位，按拨款数列支。

2.提高经费使用效益的途径

①强化经费使用的"成本观"。体育经费使用是有代价的，也就是说是有成本的。只有经费使用者明确意识到经费使用是有代价的，不合理使用经费会造成经费使用成本增大，效益下降，才可能主动提高体育经费的使用效益。

②强化预算约束。严格经费使用的财会制度，做好各项经费使用的预算，并严格按照预算支出使用经费，使经费预算约束硬化，是杜绝经费使用中的浪费现象、提高经费使用效益的一项重要制度保证。

③加强对经费使用情况的动态监测。经费的实际使用过程中由于主客观条件的变化，经费使用可能有高效益产出，也可能只有低效益产出，甚至根本就没有效益产出。加强对经费使用情况的动态监测，就要改变经费一次性投放的惯例，实行先拨付项目启动经费，然后对项目启动后的实际状况进行评估，评估达到要求后再逐步追加投入，直至项目完成，这样才有可能避免经费的低效和无效使用，进而达到提高经费使用效益的目的。

④优化经费与其他资源投入要素的配置。任何活动的开展和活动目标的达成，都是人、财、物等资源投入的结果。经费作为投入要素之一，必须与一定的人和一定的物按一定的比例合理配置才能获得最大的产出，因此，要提高经费使用的效益还必须研究经费与其他投入要素的合理配置问题。根据各单位人、财、物的现状，投入要素的配置要有多种组合方式，研究经费与其他要素的合理替代与配置也是提高经费使用效益的一个途径。

⑤使经费使用与经费筹集形成良性循环。大部分体育事业单位经费使用后所产生的效益是社会效益，诸如奖牌数、输送率、成才率、组织活动的场次和人数等。体育事业单位的管理者和经费使用者应该尽可能地把社会效益的产出与经费筹集挂起钩来，也就是说，要把经费使用的效益作为经费筹集的资本，使经费的使用有助于经费筹集。

三、社会体育经费的核算

社会体育经费的核算监督包括经济核算、财务分析和财务监督三方面，它在社会体育财务管理中占有重要地位，是社会体育生财、聚财、用财的保证手段。

（一）社会体育经费的经济核算

1. 经济核算的内容

①资金核算，即核算资金的分配、占用情况和周转速度。

②成本核算，即核算综合费用额和单项费用额。

③纯收入核算，即对社会体育事业部门要进行经营的收入核算。

④效益核算，即对社会体育经费所产生的经济效益的核算。

2. 经济核算的组织

首先，应加强核算的计划性，对核算的目标、步骤、时间进度做出计划安排，保证核算按计划、有步骤地进行。其次，按业务核算、会计核算、统计核算，进行必要的分工，力求原始记录真实，定额指标完整，会计财务及时准确，统计报表系统可靠，综合核算和分级核算相结合。最后，建立有领导的专门核算队伍，并和群众核算相结合。

（二）社会体育经费的财务分析

1. 财务分析的内容

①资金分析。分析资金来源投向和分配使用周转速度与变动原因。

②费用支出分析。分析费用支出的合理性、合法性、成本计划的完整程度、费用变动的原因。

③收入和利润分析。分析收入和利润构成、完成计划的程度、增减变动的程度与原因。

④效益分析。分析经济效益、社会效益提高的程度及其变动的原因。

2.财务分析的方法

财务分析的方法取决于社会体育财务活动的内容与特点，主要有综合分析方法和具体技术分析方法。综合分析方法的基本程序为：确定分析课题—收集整理资料—对比分析评价。具体技术方法中最常用的是对比方法，它把核算所提供的财务指标，就其相关部分进行量的对比。常见的对比有：同一时期的实际数与计划数对比；与同行先进水平或本单位历史上最高水平相比；部分与总体对比等。

财务分析的结果，要写出分析的具有说明性和结论性的报告。财务分析报告应做到内容完整、数字准确情况真实、语言简练、结论明确。

（三）社会体育经费的财务监督

财务监督是根据国家的财经制度、政策法令、财务计划和财务标准对财务活动进行检查和督促。

1.财务监督的内容

财务监督包括对财务资料、财务活动和财务收支的合法性、合理性、真实性、完整性与及时性的审查和监督。其具体内容有：财经制度、法令法律和政策的执行情况；财务标准执行情况；资金使用和费用的支出与收入的来源情况；财产保护和使用情况；规章制度建设情况；收入和利润的分配情况。

2.财务监督的方法

财务监督的方法，按监督检查的范围可以分为全面检查和专门检查；按检查方式可分为单位自查、联审互查和上级检查；按检查的内容分为财务检查，包括报表检查、账簿检查和凭证检查，实地（或实物）检查，主要是进行财产检查等。

社会体育财务监督应注重在坚持事后监督基础上，加强事中控制和事前监督，以及预算外资金监督和审计工作，加大经济违纪犯法行为的查处力度。

第三节 社会体育场馆设施

一、社会体育场馆的管理任务

体育场馆是开展社会体育活动所必备的物质条件。一方面，目前我国方面用于社会体育活动的体育场馆紧缺，另一方面，现有的体育场馆向社会开放不够，场馆利用率偏低，相当一部分场馆尚未向社会公众开放。社会体育场馆管理的根本任务，就是要提高用于开展社会体育活动场馆的数量、质量，并提高现有体育场馆的利用率，为社会安定、大众体育活动创造条件。

建立完整的社会体育场馆体系，是指由一系列互相联系的因素所组成的社会体育场馆整体，它包括体育场馆的数量、种类规模装备和布局等。在规划社会体育场馆建设时，我们应正确认识和处理好这些因素之间的相互关系。

（一）确定社会体育场馆的数量

社会体育场馆的数量要能够满足社会体育发展的需要。决定社会体育场馆需求量的因素主要是人口数量、参与体育活动的人数及体育活动项目开展情况。一般来说，人口多，参与体育活动的人多，人们所选择的运动项目多，社会体育场馆需要量也就多。

（二）配置社会体育场馆的种类

社会体育场馆的种类在一个地区应尽量完整配置，社会体育种类配置依据以下因素。

①依据各地开展较为普及的体育项目配置。受经济、文化、地域条件诸方面影响，在体育活动开展及体育运动项目的选择方面，各地区都有自身特色和偏爱的运动项目，因此，社会体育场馆的种类配置就应有所区别，要体现地方特色，满足大众需要。

②依据不同年龄人群对体育活动的不同需要。年龄不同的人对体育有不同的要求，因此，社会体育场馆的种类配置也应有所不同。例如，在青少年与老年人相对集中的两个地方，社会体育场馆的种类配置就应有所区别。总之，各地区在社会体育场馆的种类进行配置时，必须考虑到不同年龄人群对体育的不同需要，做到统筹兼顾，以满足不同年龄人群需要。

③依据不同职业人群对体育活动的不同需要。不同职业人群对体育活动有不同的需要，脑力劳动者与体力劳动者的体育活动也应有所区别，因此社会体育场馆的种类配置是依据不同职业人群对体育的不同需要来配置的

（三）控制社会体育场馆设施的规模

社会体育场馆的建设规模要适当。社会体育场馆设施的规模，是指带看台的各种体育场馆。这种体育场馆规模的大小，对其利用率有很大的影响。影响社会体育场馆规模的因素主要有以下方面。

①人口数量和参与体育活动的人数。人口数量多的城市或地区，参与体育活动的人数也相对多一些，因而社会体育场馆的规模就应适当大一些。

②大众对体育活动的传统爱好。大众对某些体育活动有传统的爱好，参加这些体育活动的人数就会多些，因而社会体育场馆的规模就应适当大一些。

社会体育场馆设施的设置应遵循以下原则。

第一，科学合理原则。体育场馆各种设施在空间面积、设备配备、室内温度和湿度等各项相关指标方面都具有明确的规格标准和严格、科学的要求。只有达到这些标准，才能使设施发挥出最佳的使用功能，使其主体经营项目达到理想经营效果，使客人在娱乐休闲消费过程中实现各种心理需求和生理享受。各种设施的科学合理设置将使体育场馆在客源市场中更具有吸引力和竞争力。

第二，先进适用原则。各种设施的设置和建造不同程度地采用了当代先进科学的技术和工艺，从而提高了体育场馆的形象档次和使用功能上的品质。体育场馆在设置各种设施时，应根据本部门设置的规模、目标市场、服务宗旨和经营方针等因素确定各种设施及设备的档次与水平，使各种设施与其主体经营相适应，从而提高整个体育场馆在客源市场上的吸引力和市场竞争力。

第三，服务齐全原则。为使客人充分享受体育场馆所带来的全方位高质量的服务，体育场馆设置必须建造各种设施，包括豪华包厢、酒吧、餐厅、更衣室、存鞋处、淋浴间、卫生间、观众区、休息区、食品超市、体育商品部、停车场、服务台、收款处、办公室、会议室、员工休息室、空气调节机房、机电房、洗衣房、储物室等设施。

与此同时，各种设施与其相应的设备在品种、规格、型号和档次上都有多种类型，因此在具体建造、采购时，要进行可行性研究，选择独具特色的设施设备。只有先进、新颖、能使客人感到刺激并有强烈吸引力的项目才能突出自己的个性，从而在客源市场上占有一席之地。

第四，和谐匹配原则。各种设施的数量和质量应与体育场馆和谐匹配，充分发挥出最佳作用。如游泳中心应设置更衣室、淋浴间、卫生间、休息区、休闲酒吧等配套服务设施；健身房应配备具备各种功能的健身器械、酒吧、淋浴间、卫生间、休息区等配套服务设施等。在配套服务设施和设备配备上，一定要突出和谐性与匹配性，质量与档次一致。各种配套服务设施的形象和应用效果应使客人心情感到愉快和舒畅，心里感到安全卫生和舒适，切实从中体验出娱乐、健身和休闲的享受效果。

（四）确定社会体育场馆的装备水平

社会体育场馆的装备水平程度要根据不同的用途来确定。一般来说，用于大型比赛场馆或综合性的场馆其装备水平应高些；一般性的大众体育活动场馆或小型体育场馆的装备则应简单些

（五）确定社会体育场馆的布局

社会体育场馆的建设布局要合理。社会体育场馆如何布局是规划社会体育场馆建设和建立完整的社会体育场馆体系的先决条件，是带有战略性意义的问题。社会体育场馆的布局应遵循下列原则。

①要接近服务对象。提供体育服务，以满足大众进行体育活动的需要，是社会体育场馆的基本职能。为此接近服务对象应是社会体育场馆建设布局必须遵循的首要原则。根据这一原则，应当在居民居住区建设体育场馆，抓身边体育场馆建设，更好地方便城乡居民体育锻炼。

②交通要方便。社会体育场馆的使用率与交通有着密切关系，社会体育场馆坐落在交通便利的地段，就能够吸引更多的人去体育场馆参与运动，不仅为城乡居民体育锻炼提供了方便，而且有效提高了场馆的使用率，避免了体育资源的浪费。

③要相对集中。社会体育场馆的建设要相对集中，可以减少占地面积和节省配置服务设施，从而能节省基本建设投资和管理费用，也便于统一经营。

二、社会体育场馆的配套设施

（一）看台

看台设计应使观众有良好的视觉条件和安全方便的疏散条件。看台平面布置应根据比赛场地和运动项目，使多数席位处于视距短、方位好的位置。在正式比赛时，根据各项比赛的特殊需要应考虑划分专用座席区。看台应预留残疾人轮椅席位，其位置应便于残疾观众入席及观看，应有良好的通行和疏散的无障碍环境，并应在地面或墙面设置明显的国际通用标志。比赛场地与观众看台之间应有分隔和防护，保证运动员和观众的安全，避免观众对比赛场地的干扰。观众席是指体育场馆中供观众观看比赛的席位。

（二）照明

照度首先要求能为运动员充分发挥技术水平创造良好条件，并使观众能看清体育器械、球体运动、运动员动作，以及为电视转播服务。照度还要根据运动项目、体育场的不同使用要求以及观众人数与最大视距等因素来确定。如需要电视转播，不仅对场地的水平照度有要求，而且对距场地地面上 1 米处的垂直照度也有要求。我国体育场地照明照度标准可查阅《体育建筑设计手册》。

（三）计时记分牌

体育场馆大型比赛时，应有固定电子计时记分牌一块，其屏幕显示比分和竞赛信息，如显示比赛队名及成绩，田径比赛公布前 8 名成绩，还有标语、图案、讲话字幕等。重大比赛时还可增设一块视频显示屏，显示活动图像，也可将两块牌的功能合一。

计时记分显示装置应满足不同运动项目的技术要求，同时应满足各单项体育组织的规定。显示方式应根据室内外光环境、比赛场地规模、视距和视野等因素选择。经常进行国际比赛的场（馆）应采用固定式电子计时记分显示装置。计时记分显示装置负荷等级应为该工程最高级，计时记分控制室与总裁判席、计时记分牌（机房）、计算机房和分散场地的计时记分装置之间，应有相互连通的信号传输管道。

计时记分用房应包括计时控制、计时与终点摄影转换、屏幕控制室、数据处理室等。控制室应能直视场地、裁判席和显示牌面，控制室内应设置升降旗的控制台。计时记分显示牌位置应能使全场绝大部分观众看清，其尺寸及显示方式可根据不同项目特点和使用标准确定。室外计时记分装置显示面宜朝北背阳，体育馆侧墙上计时记分装置底部距地应大于 2.5 米，当置于赛场上空时，其位置和安放高度应不影响比赛。一般来说，体育场的计时记分牌应设置在体育场的南端看台上，因为南端比较背光，显示效果较好，也有在南、北两端同时都设置计时记分设备的实例。

（四）休闲区

为提高客人享受的品位，体育场馆应该设立一个面积较大的休息大厅，其空间要求较高，空气流通、灯光柔和，以给客人提供一个安静、高雅、清新、舒适的享受空间。休息大厅内应配备坐躺两用沙发、茶几和脚凳、沙发。客人在休息大厅还可预约各种服务。

休息区应设置食品饮料销售服务或自动售物机，为客人提供健康饮料、营养补品和食品。还应提供与服务项目相关的书报杂志，如健美书刊、体育健身娱乐杂志、体育报、娱乐休闲杂志和音像制品，等等。还应提供符合饮用标准的饮水机和一次性水杯。

（五）更衣室

更衣室由男更衣室和女更衣室组成，是为客人进入游泳池、健身房等场所前进行更衣所设置的。较高档次的更衣室往往被分割建造成若干独立的自成一体的小更衣间，更衣室和更衣间内都以带锁更衣柜为主要设备，更衣柜内设挂衣钩、鞋架及坐凳。更衣间和更衣柜设置的数量应与经营项目的接待能力相适应。

（六）淋浴间

淋浴间往往与盥洗台结合成一体，为客人提供自身清洁服务，为客人进入游泳池、健身房等场所做好准备工作。淋浴间各间隔开，挂浴帘，配冷热双温水，提供浴液、洗发液等。盥洗台设洗手池、洗脸池，提供洗手液。设置横镜、固定式吹风机、干手器、插花棒、梳子、刮胡刀等。淋浴间水力要足够，国外淋浴间多设单手控制的调温龙头或加设时间。可采用脚踏开关以节省用水。淋浴龙头的装置不可太低，一般离地 2 米，并可考虑设置挡门。设置淋浴间还要注意排水系统的畅通，地面必须有防滑措施。淋浴间的数量设置应以预计客流量为参考基数，如每个淋浴间每天使用的人数为 50 ~ 100 人，淋浴喷头的总数为客人总数的 1% ~ 2%。

（七）卫生间

卫生间大小规格有很大差别。客源流量较大的场馆卫生间设置要相应大一些；人员流动性相对较小的场馆，卫生间设置也相对小一些。卫生间装修应与体育场馆相适应，地面、墙面满铺瓷砖，提供洗手液、电动烘干器、马桶和垃圾桶。

（八）食品与体育用品店

食品超市与体育用品店主要为方便客人采购饮料、小食品或体育用品，体育用品店要提供客人能在现场运动时使用的服装、用具和用品等。

三、社会体育场馆的建设管理

社会体育场地设施的建设管理是对社会体育活动的场地设施的建设、利用、改造维修，以及经营的管理，目的是提高社会体育场地的使用效益。社会体育场馆设施建设包括场馆设施的新建、扩建、改造以及重建和迁建，通常以新建与改扩建为主。体育场馆设施建设的管理按照管理层次划分，可分为国家宏观管理与建设单位微观管理。国家对社会体育场馆设施建设的宏观管理，主要包括制定全国社会体育场馆建设发展规划，提出各地区不同发展阶段体育场馆设施发展目标和指导性计划；落实各地区、部门、单位以及个人投资建设社会场馆设施；通过制定法律制度、政策和各种管理标准和规章，为社会体育场馆设施的建设利用和管理创造良好的外部环境，并进行必要的监督。

建设单位对社会体育场馆设施的微观管理，根据建设的阶段，可分为计划管理、设计管理和施工管理。

计划管理：社会体育场馆设施建设的管理首先是计划管理，即有计划地建设社会体育场馆设施。各地区、各单位必须制订社会体育场馆设施的建设计划，指导体育场馆设施的建设，保证社会体育场地设施建设的顺利进行，提高社会体育场馆设施建设的投资效益。社会体育场馆建设计划的任务是合理确定社会体育场馆设施建设的项目、数量规模和建设水准以及投资总额，保证社会体育顺利开展。

体育设施建设计划的内容包括两个方面：建设的项目计划，即确定计划期内建设的项目、用途、规模和装备水平，以及建设的地址；建设的投资计划，即确定投资额，包括年度投资额和总投资额。

设计管理：社会体育场地设施的设计工作是一项复杂的技术经济工作，除了必须遵循一般生产设计的"坚固适用，经济合理，技术先进"的共同原则外，还要注意体育设施的特殊性。为了充分利用体育设施，设计时应考虑适合开展多种社会体育活动并具有多种功能，如举办展览和文艺演出等。有的地区和单位受财力的限制，计划时可以考虑为今后改建创造一定条件。

施工管理：施工也是社会体育场馆设施建设的基本环节，但是建设单位对这项工作也要进行必要的管理。选择水平比较高，比较负责任的建筑队伍；要签订建筑合同书；要坚持先设计，后施工，保证施工的质量；对施工过程要进行现场监督，以保证施工质量；最后要进行严格的验收。

社会体育场地设施建设涉及因素多，协调难度大，施工过程复杂，在管理过程中应做到严格执行国家有关规定。每次拟建工程事前必须进行科学的可行性论证和方案比较，从需要与可能两方面合理控制社会体育场地设施建设的规模，确保建设投资决策正确；注意科学布局，使体育场馆设施在种类、数量、功能和空间上合理配置，形成科学、优化的综合体系；要从实际出发，量力而行，提高投资效益。

四、社会体育场馆的使用管理

（一）社会体育场馆的场地管理

1. 塑胶场地的维护

为提高塑胶场地的使用年限，保持其性能的稳定，应保持场地的清洁，禁止携带易爆、易燃和腐蚀性物品入内，禁止机动车辆在场地上行驶，避免滴油污染胶面，要避免剧烈的机械性摩擦和冲击，避免长时间的重压，以免场地变形或弹性减弱。

应穿运动鞋进入塑胶场地，跳鞋鞋钉应小于 12mm，跑鞋鞋钉应小于 9mm。铅球、标枪、杠铃、铁饼等器材应在特设场地使用。随着时间的延长，塑胶场地内的各种标志会褪色，塑胶表面会老化。为保持场地内的标志清晰醒目，应重新描画标志线，喷涂塑胶液。塑胶场地内的内侧跑道使用较多，平时应限制使用，必要时可设置障碍物。

为保持塑料场地的色彩和整洁，塑胶场地应经常清扫。除日常有污秽及时清扫外，还应每季度洗刷一次，污秽重的地方可加入适量洗衣粉刷洗。在竞赛前后，应用水冲刷以保持场地的卫生。夏季应喷洒凉水，降低场地的表面温度，冬季应及时清雪。下水道要经常清理，保持场内排水畅通。

2. 木质场地的维护

应穿软底鞋进入木质场地，禁止穿高跟鞋、钉鞋和皮鞋进入场地。不得随意移动场地内的固定器材，禁止在场地内拖拉器材，禁止在场地内投挪重器材，禁止踢足球。禁止吸烟、泼水和吐痰。比赛前后应及时拖擦，没有比赛时，每天应拖擦 1 遍。用地毯或橡胶覆盖的场地，应定期或不定期翻晾，以防水汽侵蚀木质场地。木质场地的维护可采取以下措施。

涂地板蜡：涂地板蜡是维护木质场地的重要措施。涂地板蜡的优点是保持木质场地不会干裂和变质。涂地板蜡的缺点是，场地表面过于光滑，影响运动员的水平发挥。因此，应根据场地的实际情况进行涂蜡。涂地板蜡前应用洗衣粉溶液或碱水擦洗，然后用清水冲刷，并晾干。将地板蜡放入豆包布袋，均匀地把地板蜡涂在场地上，3～4小时后用打蜡机抛光。

涂地板油：地板油由机油、10号柴油、松香等材料配置而成，能起到防滑、防腐，保持地板不会干裂和变质的作用。涂地板油的方法是将地板油洒在线墩布上，用线墩布拖擦地板。一般情况下，每周拖擦1～2次。天气干燥时可适当增加次数。

涂防滑油：涂防滑油的作用是避免运动员在场上打滑、摔跤。涂防滑油之前首先应用煤油墩布将地板拖擦干净。防滑油的涂抹情况应根据实际需要使用。一般来说，跑跳多的区域多涂一些，跑跳少的区域少涂一些。

3. 土质场地的维护

进入场地的人一律要穿运动鞋。禁止穿皮鞋、高跟鞋、带钉鞋进入场地雨后，场地过湿或过于松软均不得使用。场地线要随时保持清晰，不清晰线段应及时画好。禁止在场地内吸烟、吐痰以及乱扔果皮、纸屑等。布置、收拾训练和比赛器械时要轻拿轻放，不得在场地上拖拉。

土质场地应及时进行翻修，这是土质场地维护和保养的重要措施。翻修保养一般应每年春季进行一次。坚持每天喷水，以保持场地湿润。刮风天要给场地洒水，以防表面土层被风吹掉。雨后要撒沙碾压，以免场地过于松软。下雪后，及时将雪扫出场外，确保场地能及时使用。球场四周必须有良好的排水通道。在雨季到来前应认真检查和修缮排水通道。场地上的杂草应随时铲除。雨季更应加强除草工作。要在杂草尚未长大以前除草。新建的场地或长期使用后的场地，地面难免有低洼处，雨后应及时查看修补。应备齐日常维修所用的标准沙、标准土和工具，以便随时使用。坚持每天的清扫工作，训练和比赛前后要进行清扫，保持场地整洁卫生。有条件的场地周围应种上树木，以调节小气候，净化空气，防尘防风，保护地面。

4. 水泥混凝土场地的维护

在维护情况良好的条件下，水泥混凝土场地的使用年限较长，但一经破坏，破损就会很快发展。因此，应做好水泥混凝土场地的日常维护，一旦破损，及时采取措施修补，以保持场地的正常使用。应保持场地整洁，及时清扫场地上的污物。夏季及时清除积水，冬季及时清扫积雪。应保持场地表面平顺，接缝完好，及时填充或清除填缝材料。一般来说，气温较高时，填缝材料会挤出缝口，此时应清除多余填缝材料，避免沙、石挤进缝内；气温较低时，接缝会扩大，有空隙，此时应填充填缝材料。

5. 天然草坪场地的维护

草坪场地主要供足球、棒球、垒球、板球、高尔夫球以及部分田赛等项目使用。我国南方草坪场地可全年使用，北方使用时间要根据季节和草的生长情况来安排。草坪场地的日常维护工作包括以下几方面。

喷水：草坪要1个星期喷水1次。6月下旬至8月份，除雨天外，需每隔1～2天喷水1次。喷水的时间最好在18点至晚间，或9点以前除杂草：在场地内所发现的杂草，单子叶杂草比双子叶杂草多。单子叶杂草中白草危害最大，要及时除掉。

修剪：修剪次数应根据场地使用率决定，使用率越高，践踏的次数越多修剪的次数反而减少；使用率越低，践踏的次数越少，修剪的次数增多。修剪应尽量在1天内剪完1遍，修剪掉的草应立即清除。

追肥：施肥的方法分为两种：一种是将化肥均匀地撒在草坪上，然后浇水；另一种是将化肥溶于水中，喷洒在草坪上。第二种方法的施肥效果更好。一般每年施肥2～4次，肥料采用硫酸铵或尿素及过磷酸钙。

滚压：通常在每次修剪后会出现剪草机运行中把根状茎及草根部拔起的现象。这是由于剪草机刀口不利造成的，此时应使用滚轮进行滚压，以保持草坪平整。

越冬措施：越冬前的草坪维护措施非常重要。越冬前应进行一次修剪，有利于草坪的返青。草坪盖马粪或盖锯末返青早，叶片色泽较绿，但很娇嫩。每年冬季降雪后，把雪覆盖在草坪上，这对草坪的返青非常有利。

返青前后的养护工作：在草坪的嫩叶未出土之前，应进行一次滚压，有利于填补受到冬季寒风侵袭造成的土地表面的裂缝。返青后应及时浇水，以促进草坪的生长。

（二）社会体育场馆的器材管理

1. 体育器材的购置

体育器材的购置主要包括制订器材购置计划、申报、审批、收集资料、选定型号、联系商家、订购设备、设备到货、安装调试、办理设备的移交、入账和建档手续、进行使用方法的培训。

在购置器材时，要对所要购买的器材进行多家比对，在众多品牌的器材中选择适合体育教学的器材设备，并在与供应厂商签订购货协议时，应包括质量的保证和售后服务的承诺，严把质量关。在进行大中型国内或国际比赛时，还应按照比赛规则严格检查器材设备上的制造商的名称、标记或商标是否符合比赛规则中的有关规定。

在购置器材后，要根据订单验收器材，并登记入库。一般使用登记表来登记体育设施和器材。登记表应写明设施和器材的名称、数量、规格、单价、总价、厂家、入库时间等。

2. 体育器材的报废

需要报废的体育器材通常是国家指定的淘汰产品，或已超过使用期限、损坏严重、修理费用昂贵的器材。体育器材的报废一般是使用部门提出报废申请，资产部门进行技术鉴定，价值较大的器材，需要报请上级领导部门审批，最后到固定资产管理部门办理销账手续。

3.体育器材使用制度

体育器材的数量较多，为便于维护和管理，应完善使用制度，建立体育器材档案，对体育器材进行分类整理，便于检索和查对。体育器材的保管多采用分类保管，保管的方法必须保证器材的完好性。体育器材管理的重要内容是制定体育器材的使用制度。制定体育器材使用制度，有利于减少不必要的损坏，延长器材的使用寿命。体育器材的使用制度应包括使用方法、借用方法、归还方法、赔偿方法等。每一种体育器材都应根据器材的使用制度进行妥善使用。此外，还应制定清查体育器材制度。使用前的清查、使用后的清查以及年终清查都是必不可少的。管理人员应及时清点体育器材的归还情况，并检查出不能继续使用的器材，及时报修或报废。

4.体育器材维护计划

体育器材的维护工作是体育器材日常管理的重要内容。要制订每周、每月、每年的维护计划，科学安排维护时间，以文字形式提出体育器材的维护要求。日常维护工作由使用人员承担，大型设施的定期维护由专业维修人员承担。一些体育器材，如单杠、双杠、高低杠、铁饼和链球的护笼，这些器材会随着使用时间的延长，产生一定的损耗，降低安全系数。因此，对于这类体育器材，应建立检验制度。对于有安全隐患的器材，要及时更换。

五、社会体育场馆的经营管理

（一）日常经营管理

体育场馆的经营管理，就是对体育场馆的各项服务或劳务产品的生产和销售活动进行组织、指挥、监督和调节，使之达到体育经营效益的最大化和最优化。体育场馆的日常经营管理包括以下四项内容。

1.业务管理

所谓业务管理就是对体育场馆日常业务活动的管理。一般来说，体育场馆要编制和执行经营活动的计划，这是体育场馆经营管理的核心，要通过计划来组织和调节体育场馆的经营活动。体育场馆常规的业务活动主要有：承办或组织各种类型、各种级别的体育比赛、全民健身活动、国家及其省市运动队来访等接待工作。体育场馆非常规的活动或临时性的活动，一般有业务部门会同场馆领导共同研究、决定，拟订临时性的组织方案，并按活动方案组织实施社会体育场馆设施要改善管理，提高使用率，成为开展大众体育活动和培训体育人才的基地。同时，要讲究经济效益，积极创造条件实行多种经营，逐步转变为企业性质的管理方式。在管理体制上要改变依靠国家财政拨款、单一行政管理、分配平均主义等弊端，转变观念，不断完善管理方式。

2. 服务管理

要根据经营活动计划，对各项服务活动进行合理的组织和调节，使各项服务工作有节奏地进行，以保证服务过程的各个环节之间的协调配合。要努力提高服务质量，为体育消费者提供优良的体育劳务或服务产品。要认真做好体育服务产品的广告、宣传工作，利用各种促销手段来吸引体育消费者。要拓宽销售渠道，积极搞好售票工作。

培养一批具有开拓性、进取性、时代性的管理者，这是搞好经营管理的关键。提高体育场馆设施服务人员的业务能力和整体素质，使服务质量和整体管理水平上一个台阶，才能给体育场馆带来良好的社会效益与经济效益。

3. 物资管理

要根据体育经营需要和国家财力的可能有计划建造、购置财产物资。购置财产物资要讲究实效，使之适用、耐用和经济等。既要努力用现代化的技术设备装备体育场馆，以改善体育场馆经营活动的物质条件，也要反对不顾实际需要和可能，盲目追求排场。要合理使用和维护场地设备，注意各种体育场馆设备的工作负荷，使之经常处于良好的技术状态，避免设备损坏引起的严重事故。

4. 财务管理

要根据经营管理的状况编制体育场馆的预算，制订组织收入的主要来源和各项支出的年度计划。收入预算要从实际出发，确定合理的体育服务产品价格。支出预算要贯彻勤俭节约方针，做到精打细算和定额管理。要严格执行财务规章制度，加强财务监督。各项支出必须按规定的开支范围和标准严格执行，不得擅自提高开支范围和开支标准，以及乱发奖金和补贴。反对各种违反财务制度的不正之风，以确保国有资产的保值增值。

（二）多种经营管理

体育场馆的功能定位，应该主要是为比赛、训练、全民健身及休闲娱乐服务。体育场馆的经营活动应该是以体育业务为主。体育场馆从自身拥有的资源和条件出发，可开展的主营业务主要包括以下内容。

①体育竞赛类业务，如正规比赛、商业性比赛、群体比赛等。

②运动休闲类业务，如健身房、棋牌室、乒乓球、羽毛球、溜冰、游泳等。

③体育培训类业务，如各种运动项目的培训，如武术、体育舞蹈等。

④体育集资类业务，如体育广告等。

⑤体育游乐类业务，如体育旅游、体育游乐、水上乐园等。

⑥业余体育俱乐部，如各种运动项目的业余体育俱乐部。

体育场馆在保证为体育运动服务的前提下，应当积极开展多种经营，除为社会提供竞赛、表演等体育劳务或服务产品之外，还应为社会提供体育以外的其他社会服务。做到以体为本，多种经营，这是体育场馆经营管理的基本方针和基本内容。

体育场馆实行多种经营，有利于发挥自身的多种功能，提高场馆使用率。体育场馆要根据体育市场的需要，积极组织体育竞赛、表演等主营业务之外的其他经营活动，体育场馆可开展的多种经营主要有：旅馆业、饮食业、服务业、文化娱乐业及房地产业等。这既可以增加社会供给，丰富和活跃人民群众的物质文化生活，同时也能为体育场馆赢得可观的经营收入。

体育场馆的多种经营一般可分为以下内容：一是围绕主营业务的配套服务，如小卖部、商场（运动实物产品、球迷用品）、宾馆（招待所）、商务、餐饮、沐浴等；二是利用场地设施的衍生服务，如停车场、家具展销、超市等；三是开发创新的其他服务，如游泳池冬天钓鱼、演唱会等。

体育场馆开展多种经营时，必须以保证完成体育运动服务特别是运动竞赛、表演服务为前提。当多种经营在场地、设施、人员等方面与体育运动服务发生矛盾时，多种经营应当无条件服从和服务于体育运动服务的需要。必须遵守国家的政策和法规，贯彻执行体育工作的方针和任务，以社会效益为最高准则，反对片面追求经济收入。经营活动要高尚、文明、健康，有利于社会主义精神文明建设。

第四节　社会体育产业

一、社会体育产业的发展方向

（一）满足群众基本生活需要

顺应和满足群众的基本生活需要。培育群众体育市场应考虑群众的基本生活需求。对群众的生活习惯和居民的消费结构等进行研究，才能明确产业结构，投资群众体育项目。社会体育产业要充分考虑从群众的基本生活需要出发来实施赞助，以便取得最大效益。对于现代人来说，随着居住面积的扩大，健身器材进入家庭成为可能，这是一块很大的体育市场

（二）提升群众精神消费需要

引导和提升群众的精神消费需要。体育消费是持续消费，如一个人学会打网球，他可能会打一辈子。体育消费形成，那么有可能形成稳定而庞大的市场。体育除了具有增强体质之外，还有创造顽强、坚韧、勇敢、团结、进取、宽厚等优秀精神品质的特征。对它的追求可以消解反社会主流文化的力量，树立积极向上的社会精神风貌。作为赞助体育和参与体育产业开发的企业，必须充分意识到这一点。

二、社会体育产业发展的影响因素

①我国的经济发展水平不高，群众的消费水平较低。

②传统的福利型和事业型管理思想及其政策导向。公有制为基础的经营管理方式，国家拨款从事大规模的运动场馆建造和组织体育比赛。

③重视竞技体育的政策和舆论导向。

④当前制约社会体育产业发展的一个新趋向是大量的组织化过强的群众体育竞技和娱乐活动仍然没有割断与传统计划经济时代体育的脐带，如包办体育服装和为所有参与运动会的人员发运动鞋等，这固然是提供给群众参与锻炼的物质基础，但过于简单的方式其实在根本上不利于社会体育产业的长期深入发展。只有唤起了个人参与体育消费的意识，才能真正推动群众体育的产业化。

⑤对体育社会价值和经济价值的本质及其运作规律认识不够深入和全面，尤其对体育的创造精神价值本质和规律认识不足。体育是不直接创造物质产品的超物质功利性的活动。

⑥体育企业创新意识和竞争意识不强。"等、靠、要"思想和埋怨悲观退缩的情绪较严重。尤其对于当今各运动项目市场的不平衡抱怨较多，对一些表面和暂时难以取得明显经济效益的运动项目缺乏耐心和兴趣。

三、社会体育产业的发展途径

①尽快明晰体育产权，尤其是体育无形资产，以利于社会体育产业的经营与管理。国有体育资产是国家发展体育事业的物质基础，是全体国民共同的物质财富。国有体育资产包括由国家资金投入、资产收益接受馈赠而取得的用于发展体育事业的固定资产、流动资产及无形资产等。我国现阶段体育资产存量中国有份额所占比例很高，这是因为我国是国有资产投资占主导地位的国家，政府主要承担国有净投资的增长，以保证国有资产净产值的增长，而且政府投资于国有资产一般限定在公益性事业和基础性产业。

②在宣传和管理上强调市场经济时代社会体育产业的历史使命，是竞技体育的营养源和群众体育的主体。产业化和两个计划是我国体育的三大任务，产业化是杠杆和枢纽。

③在政策和操作层面上明确体育与相关文化、体育产业与相关产业的关系，加强对体育经营管理领域的分析。与轻工业、影视业、传媒业、娱乐业的分野值得重视。

④加强社会体育产业法制化的研究，妥善处理与国家产业政策及相关产业法规的关系。

⑤处理好政府行为与私营体育企业的关系，尤其是项目管理中心应该在市场中支持体育企业的发展。

⑥鼓励开发适合一般群众的体育产业，适当控制保龄球等锻炼价值一般、体育效益和产业效益均有限的产业发展。个人体育的兴起应该是一个好趋势，对它的组织和管理应该适度。

⑦大力开发群众体育文化产业，包括直接服务群众的体育信息、体育培训录像带和由竞技体育衍生出的体育歌曲、体育雕塑、体育邮票、体育吉祥物等。

⑧高度重视体育信息产业。高科技对综合国力有重大影响。高科技的信息产业必将成为龙头产业。信息产业使得发达国家和不发达国家同处一条起跑线上，为后进国家的赶超提供了不可多得的契机。

第五章　社会体育管理体制及产业化发展理论

21世纪的今天，我国社会体育管理体制以及社会体育的产业化发展已经进入一个较高的层次，且这种发展势头依旧猛烈。为了能够进一步巩固良好的发展势头，为大众提供更加丰富的社会体育服务，了解其管理体制和产业化发展的理论就显得很有必要。因此，这就是本章要重点研究的内容。

第一节　我国社会体育的管理体制

一、社会体育管理体制的含义

从词语释义来看，体制，是指体系与机制的总和。由此可以引申出社会体育管理体制的含义，即是指国家管辖调控社会体育事务的责权划分、组织结构、职能配置与运行方式、运行机制等的总和。

社会体育管理体制的组织体系有两种类型组成，分别为政府组织类型与社会组织类型。这个管理体制的核心内容是责权的划分和职能的配置，职能配置的本源就是责权的分配。从管理学角度看，组织结构是管理体制的主要表现形式，同时它也是责权与职能共同的重要组织载体。运行机制是管理体制灵魂，这主要是因为运行机制是管理能够最终取得成效的实施手段，它是体现在决策、实施、反馈、调整等一系列运行方式上的内在东西。一个管理体制若没有一种自行维护其组织在对内对外交往过程中保持和谐高效运转的基本功能，那么这个管理体制就不是一个完善的管理体制。

在现代，我国拥有大小不同、层级各异的组织负责管辖、调控社会体育事务，如各级体育事务行政部门、群众性体育组织、体育社会团体和基层体育组织。这些官方的和非官方的体育组织共同构成了我国社会体育管理体制的组织系统。

二、体育行政部门

我国国家机构的组成有特定的规律，这些规律主要是由我国现代的社会制度和管理传统有关。因此，对于体育事务的管理职能机构的设置，也基本符合国家总体机构设置的规则。其中，具体包括国务院体育行政部门、国务院其他有关部门、县级以上地方各级人民政府体育行政部门或本级人民政府授权的机构、县级以上地方各级人民政府的其他有关部门和乡、民族乡、镇政府的其他有关部门。下面逐一对这些体育行政部门做出详细解释。

（一）国务院体育行政部门

国务院体育行政部门，它的正式名称为"国家体育总局"。实际上，中华全国体育总会也是我国国家级体育管理部门。但在实际运行过程中，两者大多数职能职权表现出了明显的趋同性。因此，本着节约资源和权力集中的原则，根据1998年国务院关于机构设置的规定，国家体育总局与中华全国体育总会安排为一个机构、两块牌子，是国务院主管全国体育工作的直属机构。1998年6月16日国务院批准的《国家体育总局职能配置、内设机构和人员编制规定》中，与社会体育有关的主要职责为：第一，研究拟定体育工作的政策法规和发展规划并监督实施。第二，指导和推动体育体制改革，制定体育发展战略，编制体育事业的中长期发展规划；协调区域性体育发展。第三，推行全民健身计划，指导并开展群众性体育活动，实施国家体育锻炼标准，开展国民体质监测。

此后，"中华全国体育总会"的名称只在特殊情况下使用，平时则通用"国家体育总局"的名称。国家体育总局设九个职能司（厅），具体包括办公厅、群众体育司、竞技体育司、体育经济司、政策法规司、人事司、对外联络司、科教司、宣传司。其中群众体育司是国家体育总局负责社会体育的职能部门。群众体育司的主要职责是：研究拟定群众体育工作的发展规划，推行全民健身计划，监督国家体育锻炼标准的实施，开展国民体质监测；指导和推动学校体育、农村体育、城市体育及其他社会体育的发展。

（二）国务院其他有关部门

由于体育所涉及的领域非常广，因此，为满足社会对体育的不同需求，国家级体育行政部门除了专职的国家体育总局外，还有一些国务院其他有关部门也在做着一些与体育有所关联的事务，其中，社会体育工作就是比较典型的内容。这类管理有两种类型：一种是国务院有关部门按照国务院体育行政部门的统一部署，直接管理本部门的体育工作，如教育部门需要参与管理校园体育教育工作或其他校园体育活动的宏观战略性管理工作；国家民族事务委员会也会参与一些少数民族体育工作事务；农业部、铁道部、公安部等负责本行业的体育工作等。另一种是国务院有关部门在自己职权范围内开展与体育有关的业务管理工作，如民政部要依法对不同级别的（通常为国家级、省市级）的社会体育团体进行团体组织登记和管理工作；而公安部则要依法对各类体育活动的治安问题进行管理、引导和监督；国家工商行政管理局、国家税务总局对体育经营问题和税收问题依法进行管理等。

（三）县级以上地方各级人民政府体育行政部门或本级人民政府授权的机构

县级以上地方各级人民政府体育行政部门是指省、自治区、直辖市；地级市、地区、自治州、盟；县、市辖区、县级市、自治县、旗等人民政府设置的体育局或体育与其他部门合署办公的机构，如文化体育局、教育.体育局等。这类体育行政部门主管本行政区域内的体育工作，包括社会体育工作。这类体育行政部门中一般设有群众体育处或群众体育科等职能部门，或在业务部门设专人负责社会体育工作。本级人民政府授权的机构依法具有主管本行政区域内体育工作的权力。本级人民政府授权的机构是指在我国一些地方，主要是县级政府机构改革后，有些县级人民政府不再设立体育行政部门，而将原有的体育行政部门转变为事业单位或体育社会团体。但本级人民政府仍然授权这些单位行使主管本行政区域内体育工作的行政职权。这是我国行政体制改革中出现的新的行政机构形式。

（四）县级以上地方各级人民政府的其他有关部门

县级以上地方各级人民政府的其他有关部门的情况，与上述国务院其他有关部门的情况相类似，如教育、民族、农业、公安等部门各自负责管辖行政区域内本行业的体育工作。民政、公安、工商、税务等部门负责开展与体育有关的业务管理工作。

（五）乡、民族乡、镇政府的其他有关部门

乡、民族乡、镇人民政府在我国被视为基层政府，这些政府机构日常所做的工作将直接作用在人民的生产生活上。这其中也一定不会缺少对人民体育活动的组织与管理。

作为我国基层的人民政府，对领导和管理辖区内体育工作负有责任。为此，我国还特意在《体育法》中对基层政府的体育管理职能做出了明确要求，规定"国家发展体育事业，开展群众性的体育活动，提高全民族身体素质"，规定"地方各级人民政府应当为公民参加社会体育活动创造必要条件，支持、扶助群众性体育活动的开展"，规定"乡、民族乡、镇政府随着经济发展，逐步建设和完善体育设施工"。

当前，在我国许多地区的乡、民族乡、镇政府，同时也包括城市街道办事处，都将社会体育工作列入政府工作内容，指定某一职能部门或人员负责社会体育工作，辖区人民体育活动的开展也成为年终考核的重要评测内容。

三、与体育有关的群众组织

体育相关社会团体主要包括那些职能范围内有与多种形式的体育活动相关的职能部门。这些职能部门具体包括工会、共青团、妇女联合会、青年人联合会和残疾人联合会等。

从职能部门工作的针对对象来看，工会、共青团、妇联等社会团体是面对特定人群的。作为某一部分人群的群众性组织，这些社会团体具有完善的组织系统，从中央到地

方，以至于很多机关、企业事业单位都有自己健全的组织机构，如全国共青团、各省市共青团以及区县和地区共青团等。健全的组织系统自然为开展体育活动提供了组织保障。这些社会团体对本团体成员的体质与健康负有一定的责任，应当组织其成员开展体育活动。以服务对象为广大企事业单位工人协会（工会）为例，国家制定的《工会法》规定："工会会同行政方面……组织职工开展文娱、体育活动。"从全国总工会到地方各级工会，从行业工会到基层单位工会，普遍设立职能部门或人员负责职工体育工作，积极开展职工体育活动；共青团也同工会一样设立职能部门或人员负责青年体育工作；全国残疾人联合会和部分地方残疾人联合会也通过残疾人体育协会，开展残疾人体育活动；其他社会团体也以此为例开展体育活动。

四、体育社会团体

（一）各级体育总会

我国最高级别的体育总会为"中华全国体育总会"。此外，不同级别的地区还拥有相应级别的地方体育总会。各级体育总会是体育工作者的群众性体育组织，是在民政部门登记的体育社会团体。

中华全国体育总会是全国群众性体育组织，成立于1949年，由旧中国的最高体育管理机构改组而来。中华全国体育总会成立以后，各省、自治区、直辖市纷纷效仿，成立相应级别的体育总会以便对接。除按行政区划分的体育总会"分支"外，全国性单项体育协会，全国性行业系统体育协会，中国人民解放军的群众性体育组织也可以申请加入中华全国体育总会，成为其团体会员。目前，县级以上地方基本成立了体育总会。各级体育总会中一般都设立群众体育部门，负责社会体育工作。

在各级体育总会宗旨中明确提出：联系、团结广大体育工作者，努力发展体育事业，普及群众体育运动，提高全民族身体素质；促进社会主义物质文明和精神文明建设；为建设有中国特色的社会主义服务。在各级体育总会的任务中明确提出：要宣传和推动群众性体育活动的开展，大力促进体育改革；通过体育活动对广大人民群众特别是青少年进行教育，培养优良品德。

（二）各级行业系院体育协会

行业系统体育协会，是指在民政部门登记的体育社会团体，是按行业或系统组织起来的群众性体育组织。其主要职责就是在本行业或系统行政领导下，吸引和组织本行业或系统的职工或成员参加体育活动，开展本行业或系统的社会体育工作。

全国性的和省级、地级、县级的很多地方都成立了行业或系统体育协会，并设立了专门办事机构或工作人员，卓有成效地开展工作。

目前全国性的行业体育协会有火车头、金融、石油、煤矿、前卫、中建、林业、地质、机械、邮电、石化、航天、航空、中汽、化工、中科院、兵器、建设、交通、电子、冶金、水利、电力船舶、民航（筹备）、轻工（筹备）、内贸（筹备）等体育协会。全国性的系统体育协会有农民、残疾人、老年人、少数民族、大学生、中学生、中国技工学校等体育协会。

（三）单项体育运动协会

单项体育运动协会，是指按运动项目组成的群众性体育组织。不同运动项目均设有国家级协会，如中国乒乓球协会、中国足球协会等。为此，各地区也成立了相应的单项运动协会与上级协会对接，如省级、地级、县级的很多地方也都成立了运动项目协会，并设立了专门的办事机构和人员。

各个运动项目协会的章程都规定了要组织广大人民群众，特别是针对青少年和中老年人参加本项目活动，普及该项运动。这就表明，作为基层的运动项目协会，由于地域与对象的原因，其主要任务是在群众中普及该项运动。就是全国性运动项目协会，也同样负有将本项目推广到社会体育中的职责。

运动项目协会所包括的项目是奥运会项目或大型竞赛活动的非奥运会项目。成立全国性运动项目协会的包括田径、游泳、体操、足球、篮球、排球、乒乓球、羽毛球、网球、射击、射箭、棒球、垒球、高尔夫球、保龄球、台球、举重、摔跤、柔道、拳击、击剑、技巧、赛艇、皮划艇、自行车、无线电、航海模型、帆船帆板、摩托艇、滑水、水下、航空、软式网球、手球、曲棍球、地掷球、围棋、象棋、国际象棋、桥牌、马术、现代五项、滑冰、滑雪、冰球、雪车、雪橇等运动项目协会。其中，以田径、游泳、"三大球"（足、篮、排）、"三小球"（乒、羽、网）等运动项目协会开展的体育活动在基层最为普遍。

（四）传统体育项目协会

传统体育项目协会，是指按我国传统体育项目组成的群众性业余体育组织。该协会同属于在民政部门登记的我国正规体育社会团体。这些协会的职责主要是在群众中推广、普及传统体育运动。

成立全国性传统体育项目协会的包括轮滑、龙舟、毽球、风筝、钓鱼、信鸽、冬泳、太极拳、舞龙舞狮等项目。传统体育项目协会在各地比较普遍，它极大地丰富和完善了我国体育项目，在这些"小"项目的活动组织中发挥了非常重要的作用。

五、基层体育组织

基层体育组织包括街道办事处（社区）体育组织、乡镇体育组织、基层单位体育协会、社会体育指导站和青少年体育俱乐部。与前面提到的几种管理机构不同的是，基层体育组织的最大的特点就是直接面对参与社会体育的群体，即普通大众。这些基层体育组织是上层社会体育组织在大众中的政策传达者和执行者，这些体育组织的工作极大影响着社会体育发展的进程和效果，同时也是大众对国家社会体育事业发展最基本的评判依据。

（一）乡镇体育组织

乡、镇政府作为我国农村地区的基层政府，在其职能范围内有组织各种社会体育活动的义务，并且在近年来这项工作已经被纳入年终考核的测评标准中。从整体制度上看，我国法定体育行政部门在乡镇一级不设有相应体育事务管理部门，但是为了发展当地的体育事业，特别是群众体育事业，乡镇政府都成立了不同类型的体育组织，并且大多数体育活动的组织开展工作均交由乡镇文化站负责。

这些基层体育组织或代表乡镇政府行使体育管理职权，或作为乡镇政府的助手，组织协调当地体育工作，开展群众性体育活动，成为我国农村体育的重要组织力量。

（二）街道办事处体育组织

街道办事处是我国城市辖区政府的派出机构，是城市各地区管理的基础部门。街道办事处负有开展群众性体育活动、增强当地人民体质的政府职责。同乡镇体育组织一样，街道办事处也不设专门的体育行政管理部门，因此，以街道办事处为依托的社区体育协会（或称街道体育协会等）应运而生。

在现代我国城市中，社区成为群众普遍的聚居单位，社区居委会也就成为最亲民的一级"政府机关"。因此，为了开展好社区体育活动，落实街道办事处的体育活动开展计划，大多数社区均纷纷成立了社区体育协会。此外，街道办事处还有依托某一区域管理机构或驻地实力和条件优越的企事业单位的地区体育协会，依托住宅区管理机构的居住小区体育协会等。这些群众性的基层体育组织，作为街道办事处、区体育行政部门或某些机构行政的助手，负责组织、协调和管理当地社会体育工作。

（三）基层单位体育协会

基层单位体育协会，是指我国基层企业、事业、机关单位自行组织成立的以组织职工开展多种体育活动为职责的体育协会。基层单位体育协会也属于一种业余性质的群众体育组织。该体育协会的具体负责部门通常为各单位的工会，它的任务是在单位内部开展体育宣传活动，吸引和组织职工经常参加体育锻炼，以此达到丰富职工业余生活、提高职工健康和运动技术水平的目的。这种遍布我国基层单位的体育组织，对发展我国职工体育曾经发挥了巨大的推动作用。特别是在21世纪的今天，通过对职工体育的改革和探索，我国基层单位体育协会将继续发挥其重要作用。

（四）社会体育指导站

社会体育指导站，是指在当地体育行政部门或街道、乡镇政府领导或指导下，开展群众性体育活动的体育组织。社会体育指导站是在我国大力提倡全民健身运动理念和全民终身教育理念下应运而生的，力图以通过在城乡地区设立密集的社会体育指导站，并在站中配备专业的社会体育指导员的形式，更好地指导大众开展健身活动。为此，现代多数体育专业院校都开设有社会体育专网以期为社会体育指导站或提供充足的社会体育指导员人才。

从职能角度上来说，社会体育指导站一般拥有组织、指导和阵地的三项职能。

（1）组织职能，即吸引和组织体育爱好者前来参加体育活动。

（2）指导职能，即对前来参加体育活动的体育爱好者进行体育指导。

（3）阵地职能，即为活动者提供场地，并保持体育活动的科学、健康、文明。

另外，从开展体育活动的多样角度，还可以将社会体育指导站分为一般性社会体育指导站和单项性社会体育指导站。两者之间的区别在于，如在一些城市中成立的户外定向运动指导站就属于单项性社会体育指导站；较为普遍的是有固定的体育设施或依靠广场等建立的社会体育指导站；有固定的体育设施，有的地方也称为体育指导中心、体育活动中心。这类体育组织设施条件、人员规模、指导能力、管理水平有较大的差异。而一些条件好、档次高、略带有专业性的社会体育指导站大多拥有自己的专、项体育设施、场馆，并安排有专门的管理和指导人员，有固定的活动项目。相对于社会体育指导站来讲，比其更基层、规模更小、条件简陋、更松散的体育组织形式是晨（晚）练点，或者称体育指导点，它的性质与职能与社会体育指导站类似，这是我国城乡最基层的指导群众体育活动的体育组织。

（五）青少年体育俱乐部

体育运动的启蒙要从娃娃抓起，因此，针对青少年开展的多种体育活动和组织对培养青少年掌握良好的体育健身方法和意识是非常重要的。由此，青少年体育俱乐部应运而生。

青少年体育俱乐部在我国出现还要追溯到 20 世纪末期。它是由国家体育总局使用体育彩票公益金扶持试点进行的，依托单位现有体育设施，为青少年课余参加体育活动，传授体育知识和技能，发现和培养体育人才的社会体育组织。

青少年体育俱乐部大多依托于地区少年宫或业余运动体校。这种体育组织是社会化、公益性的。它的职能与任务类似于体育指导站，是组织指导青少年课余体育活动的最基层的体育组织。

第二节 社会体育产业概念解析

一、体育产业的概念

在研究社会体育产业的相关问题前，首先要对体育产业的概念进行适当的解析。实际上，对于体育产业的基本概念和分类等问题，直到现在都尚没有在世界范围内形成普遍的认识。尽管有许多专家学者对此问题进行过一些研究，也尝试下做过一些定义，但这些结果往往带有一些片面性色彩，或者只是从某一个特定角度来看，整体上并不具有绝对普遍性。因此，这就不能成为体育产业的最终定义。后来，有专家建议将体育产业分为四类，具体如下。

（1）体育本体产业，如群众体育消费活动、运动训练与竞赛、场馆经营等。

（2）体育支柱产业，如体育彩票、无形资产的开发等。

（3）体育相关产业，如体育旅游、广告、赞助、服务、物质生产等。

（4）体育周边产业，如宾馆、餐饮、交通等，其主要目的为以体育活动为主线，紧密围绕其展开创收活动。

尽管众多专家学者对体育产业的定义并不完善，但仍有几种定义可以给人启发，具有一定的典型性，具体如下。

（1）体育产业，是指与体育运动有关联的一切生产经营活动。通过细致分析这个观点可以认为体育产业所包含的内容较多，范围宽广，不能仅仅将体育产业的内容简单，看作为直接的体育服务和相关劳务活动，它还应包括第二产业中的体育服装、体育器材等产品的生产和经营。除此之外，体育产业也应该包括体育旅游、体育媒体、体育彩票、体育保险等第三产业中与体育有联系的门类。

（2）体育产业，是指仅限于同类体育劳务企业的总和，不能包括相关产品的企业。这种观点与第一种观点的最大不同在于，它不认可体育相关运动器材、服装等第二产业类产品也属于体育产业的范畴。体育产品就是体育劳务，体育产业是同类体育劳务企业的集合，这不排除体育系统可以办第二产业和其他第三产业，但这并不是体育产业本身的发展问题。与第一种观点中体育产业相比，这种对体育产业的定义显然使得体育产业变得更加纯粹和专一。

（3）体育产业，是指能进入市场实行商业化经营的体育活动范畴。这种观点认为体育产业还可以包括紧密围绕体育而展开的各种运动训练与竞赛、体育健身娱乐、体育辅导与培训、体育场馆等可进行商业化、市场化运作的部分。

（4）还有一些地方体育管理部门通过多年的社会体育管理实践，总结归纳出了一套关于体育产业的定义。他们认为，体育产业是指为提高人民身体素质，探索人体极限，满足人们精神享受需要而提供服务的产业。为进一步说明体育产业发展的意义，他们解释了体育产业发展的三个重要功能，一是提高人民身体素质，二是增加人民参加体育运动锻炼的积极性，三是在不同水平的训练、比赛、活动的同时使人民精神生活得到满足。

通过上述四种对体育产业的定义可以发现，每个定义都有各自的特点和角度，定义也均围绕体育及相关的产业发展而来。尽管这些定义在某些方面不尽相同，但仍然存在着许多共同之处。总结下来，这些共同点主要有三个。

（1）体育产业与体育事业的方方面面有一定关系。

（2）体育产业属经济活动和市场经营运作范畴。

（3）体育产业既包含实物形态也包括非物质形态等方面。不过即便如此，体育产业作为我国第三产业中的一员，其主要任务仍旧是以向广大体育爱好者和体育消费者提供相关劳动服务为主要形态。

实际上，对于体育产业含义的理解还可以从广义与狭义两方面考虑。如果从广义角度理解体育产业，即将体育产业作为体育事业和国民经济中的一部分，其范畴应当包括与体育运动有关的商品的生产、开发、流通、销售与服务等整个领域；如果从狭义的角度解释体育产业，则是指把体育运动本身作为商品和劳务的经营活动范畴。

二、社会体育产业的概念

在大体了解了体育产业的含义后，就可以着手对社会体育产业的含义进行研究。对于社会体育产业的理解也可以沿用与体育产业相同的广义与狭义的角度方法。从广义角度上理解的社会体育产业，即社会体育产业就是体育产业。因为现有体育市场的存在，均与大众体育消费有着密切的联系和关系。例如，没有众多消费者的参与，竞赛表演市场就不可能存在与发展，体育观赏类活动也便没有了观众。同样，没有广大民众对体育运动的爱好和热情，与体育竞赛市场直接相关的体育媒体市场的发展也会受到极大的制约。从狭义的角度上理解的社会体育产业，即社会体育产业就是与群众体育活动有直接关系的产品生产、销售与服务的多种行业的总和。

社会体育产业要想发展需要建立在两个基本点上，其中一个是社会体育产业的发展要建立在社会经济的发展；国民经济实力增强的基础之上，在这种氛围和环境下，人们才有足够的时间和剩余资金参与这些社会体育产业活动或服务；另一个则是人们生活方式和消费方式的改变，特别是健康生活观念和行为的逐步形成，这在近些年来随着我国提倡全民健身活动的普及有了很大改变，健康的生活观正在逐步形成，人们也越发注重对自身的身心锻炼。当社会体育产业在这两个基本点上运行后，才能得到成长的土壤，进而才能得到理想的效果。

第三节　社会体育市场研究

体育市场，是指以商品形式向人们提供各种体育产品或某种与体育有关的服务的事物的总和。从经济学角度上讲，需求决定供给，市场决定产业。直白的解释就是，只有当有许多人想买某种东西时，才会有人生产这种东西。久而久之，由于这种供需关系规模越来越大，最终形成了某种产业。因此，对于社会体育市场的研究就可以在这个基础上探讨。

一、我国社会体育市场略析

通过对体育产业相关内容的分析可以知道，社会体育市场活动中的市场消费主要包括体育物质产品消费和体育服务产品消费两大类。其中，体育物质产品消费主要包括体育服装、体育运动器械等；体育服务产品消费主要包括体育旅游、体育赛事欣赏和体育运动培训。目前在我国的社会体育市场中，上述几种都存在，发展水平各异，不过总的来看仍旧是朝着积极的方向发展。具体来讲，主要有以下几种。

（一）体育用品市场

体育用品市场，是指具有社会体育特点的消费品市场。体育用品在社会体育中的意义非常重大，它是开展群众性体育活动最基本的物质条件，广大消费者对各种体育用品的消费需求，是社会体育用品市场发展的根本动力。例如，要想参与乒乓球运动首先要有乒乓球球拍、乒乓球和球案，因此在开展这类活动前首先就要购置这些器材，进而形成体育用品市场。

在经济发达国家，体育用品市场的发展已形成较大规模。例如，在20世纪末的美国，体育用品的销售每年均在400亿美元以上；20世纪80年代末，日本体育用品市场年销售额为1.6万亿日元，近年来平均每年增长5%。1995年法国体育用品市场销售额已过310亿法郎，欧洲其他国家体育用品的销售情况也相当可观。

由于诸多历史原因，我国现代竞技体育和大众体育的开展与西方发达国家相比较晚，其间还遭受过许多人为原因导致停滞多年。随着我国改革开放，体育市场也随之振兴，体育用品业从小到大、从计划到市场、从仿制到创新，最终到走向世界，取得了令人瞩目的成绩。目前，我国已成为世界上主要的运动服装、器材的生产基地。良好的环境使得体育用品企业茁壮成长，时至今日，无论是从数量上还是质量上都急速攀升，且在产品质量、技术水平、生产能力和综合实力上都取得了很大的进步。从1993年西安第1届中国体育用品博览会至今，每年一届在全国各地成功地举办了多届，其规模也在不断扩大，同时对提高体育用品质量、促进产品更新换代、振兴民族品牌、引导健康消费、培育体育用品市场、促进各地体育产业发展以及推动我国体育用品参与国际竞争等方面发挥了积极作用，其中也培育出了一些在国际范围内都较为知名的企业，如李宁（运动服装、鞋帽、器材）、安踏（运动服装、鞋帽）、红双喜（乒乓球器材）等。目前中国体育用品制造业正加工着绝大多数的世界名牌产品，国际市场上有 65% 的体育用品在我国制造，中国已成为世界上最大的体育用品加工基地。

（二）健身娱乐市场

体育娱乐市场，是指为满足消费者强身健体、娱乐休闲的需求而提供体育技术指导等服务的经营行业。健身娱乐市场是群众体育商品化、市场化的一种主要表现形式。健身娱乐业以体育娱乐项目为商品，以期为消费者提供一个以围绕体育健身或体育娱乐为目标的服务，它的提供方式可以是以实物形式或非实物形式。

在发达国家，健身娱乐市场早已形成了较大规模，而且普遍被每个人所认可，人们乐于花费金钱享受这种良好的运动娱乐服务。特别是在大众体育健身娱乐活动日益普及与社会化发展进程推动下，该行业已成为世界上许多国家体育产业中的支柱行业。例如，在美国，纯商业运作的健身娱乐企业就有 1.33 万家，以会员方式成为这些企业固定消费者人数高达 1100 万人（1996 年美国各类体育俱乐部的会员为 2080 多万人）。还是以健身娱乐业较为发达的美国为例，从事健身娱乐业的企业绝大多数规模较大，其可以为客户提供的服务种类多样，玩法不断翻新，并开展多样化、集团化和连锁式经营。目前美国排名前 20 位的健身娱乐企业的经营方式都是多样化、连锁式经营，其中排列前 5 位的企业每一家都拥有 250 家以上的分支企业，最大的一家美国俱乐部系统（Acs）则拥有 661 个分支企业，而位列第二位的高德体育公司拥有下属企业 503 家。

不过这里有一个问题不得不提及，这个问题与健身娱乐市场的发展息息相关，那就是人们的消费水平和消费意识。实际上，健身娱乐市场是否能够得到大规模地发展，其与大众体育消费水平的提高有巨大关系。试想一下，如果一个连吃饱穿暖都成为问题的地区，又怎么会有人花费额外的金钱去享受运动带来的感受呢。

由于体育健身娱乐与大众身心健康关系最为直接，因而有许多国内外专家认为，该市场将成为今后一段时期各国体育产业面对的最大市场。这种观点在当时仅仅是一种市场预言，而在约 20 年后的今天，这个预言真的成为现实。以我国为例，从 20 世纪 80 年代开始，我国体育健身娱乐业经过一段时期的缓慢发展后，到 90 年代初，由于改革的深入与对外开放的扩大，经济的高速发展和人们的生活水平不断提高，居民对健身娱乐等服务的需求迅速上升，各种健身娱乐和体育消费场所遍及全国各地，特别是经过 90 年代中期的快速发展，人民生活水平日益提升，剩余可支配收入逐年递增，再加上人们健身意识的不断增强，这些都使得健身娱乐市场的格局基本形成。通过当年的数据显示，在 1994—1997 年间，全国许多大中城市出现了投资兴办体育健身娱乐设施的高潮。据统计，1995 年底全国有高尔夫球场 47 个，投资 53 亿元。保龄球馆的增长速度更快，部分大城市在这几年中几乎以成倍的速度增加。除此之外，健身娱乐经营的内容还包括健身俱乐部以及乒乓球、羽毛球、网球、游泳、台球、滑（旱）冰等场地（馆）。其中较有代表性的要数上海市，在 20 世纪末，上海市有 43.7% 的市民每月体育消费（包括健身娱乐、购买运动服装和器材）支出达 100 元以上。上海市体育局提出了"花钱买健康"思想，培育和开发健身市场，近期完成在全市的 4000 多个街道、乡镇、居委会健身网点的配置工作计划，在现在来看，这个思想几乎已经融入了每个人的心中，而在当时，仍旧有很多人对此不屑一顾，甚至认为花钱健身娱乐是一种多余的行为。另根据北京市石景山体育馆羽毛球馆提供的资料，周末时参加消费活动的资金可达 1 万元。

总的来看，我国尽管在健身娱乐市场上的发展起步较晚，甚至至今仍旧有许多不完善的地方，但尽管如此，谁都不会否认这的确是一个具有很大潜力的市场。社会经济的发展、人们生活水平的提高以及消费观念的转变，广大民众对健身、娱乐等方面的需求会进一步增长，只要有这些契机存在，体育健身娱乐市场就必定有广阔的发展空间。当人们的健康意识逐步加深，并真正懂得健康的价值之时，健身休闲娱乐消费便会成为体育消费的主流。

（三）体育培创市场

体育培训市场，是指以为培养人们掌握某种体育运动技术或知识为任务的体育服务场所。它是社会体育市场的一部分。首先必须承认的是，体育培训市场的性质中包含有一些健身娱乐的色彩，如喜好网球运动的人在业余时间参加网球训练营培训活动，通过接受系统的网球训练以获得身心满足。但体育培训市场的目的远不仅如此，它的直接作用是为各个年龄段（大多为中年以下）提供较为专业的体育培训服务，培训的目的可以是健身娱乐需求，还可以是为了使参与培训的人掌握某种运动技术。不过从目前我国的体育培训市场情况来看，更多的体育培训受众为广大青少年群体。

体育培训市场开发较好的是西方发达国家，在那里体育培训是一个成熟并涉及面很大的市场。青少年体育技术技能的掌握或在某一运动项目上成绩的提高，大多是通过参与学校和社区体育俱乐部的训练而获得的，这些培训场所的设施完善、理念先进，以至于世界上许多有运动追求的人都来此进行深造和训练。以体育培训为内容的机构组织和俱乐部遍布这些国家的各地和各个角落，不少著名运动员在退役后也加入这一行列之中。

相比于西方发达国家，目前我国的体育培训市场还处在发展阶段初期，不过在 21 世纪的今天已经初具雏形，更"新颖"的培训模式还在逐渐探索之中。目前我国的体育培训市场大致可分为两类，一类是体育知识培训，这是一个较为规范的领域，培训场所相对固定，有严格的教学内容要求，有较好的教学条件和较高水平的师资，其性质相当于对社会所需的体育专业人员进行的岗前或上岗培训；另一类是体育运动技术培训，该市场主要是指社会各界所开办的相关项目技术培训的场所，即以各运动项目技术指导为商品，为满足社会上不同阶层和不同年龄群体在学习运动技术或锻炼身体等方面的需求而形成的一种专门的服务行业。

体育培训市场的出现也是伴随着我国体育事业的发展而相应出现的事物，对于新事物的出现，国家体育总局有关负责人在关于体育培训市场发展的问题上提出：政府行政部门应重点优先发展能最大限度提高全民身体素质，为大多数人谋福利的俱乐部，这主要是指青少年俱乐部和群众健身俱乐部，无论是以社团形式存在，或者以民办非企业形式存在，还是以企业形式存在，都要采取积极鼓励、大力扶持政策，促其快速、健康发展。

我国是教育大国，面对约 2.3 亿的学生群体，仅仅依靠校园体育教育来解决学生对于体育运动的学习需求显然有些力不从心。特别是对那些对体育运动有所追求的学生来讲，校园体育教育更不能满足。由此，为克服学校体育活动的局限性，以儿童和青少年为主体的体育锻炼俱乐部和体育项目培训是一种好的形式。通过青少年体育俱乐部和体育培训中心在青少年中普及体育活动，一方面可以教授他们体育技能，从小培养良好的锻炼习惯，被用来当作一种体育运动人才的发现渠道，通过这一形式能发现和培养更多的竞技运动后备人才，为我国的奥运争光计划服务；此外，吸引更多青少年的参与，拉动体育消费，这不仅可获得一定的经济效益，对促进市场发展起到积极的作用，而且也能取得良好的社会效益。

近年来，随着我国竞技体育和大众体育的进步速度加快，体育培训市场也在吸收国外有特色的培训方法，并在国内尝试开展。由于需求的不断增长，参与体育培训的个人、机构和单位增多，我国体育培训市场已经形成全社会参与的局面。社会需求的不断扩大也使得不少人士对其发展前景充满信心，市场格局已大致形成。

（四）体育旅游市场

体育与旅游，乍一看这两种事物并没有什么太大联系，而在体育产业逐渐发达的今天，人们将体育与旅游两者进行了完美结合，遂演变出了一种新型的体育市场模式，即体育旅游市场。体育旅游是旅游与体育的结合，是体育资源和旅游资源的互补与互利。近几十年来，体育旅游逐渐被人们认可，并且已在世界许多经济发达国家得以开发和利用。我国也是这些众多国家中的一个，不断探索着体育旅游市场的发展道路。

体育旅游起源于欧美发达国家，那里的人们非常享受与大自然的亲近，他们酷爱高山滑雪、徒步登山、海边浴场以及攀崖、漂流、探险等冒险刺激类项目。而在现在看来，这些活动都是体育运动与旅游结合的产物。亚洲出现体育旅行模式较早的国家是日本，日本的许多旅游景点也设有相应的体育娱乐项目和设施，给旅游者提供体育健身娱乐服务。在我国，除个别地区、个别景点外，体育旅游仍是一个尚待开发的行业，关于体育旅游的概念也有待进一步向民众普及。而恰恰因为我国体育旅游业还未真正起步，因此，对其的开发尚处于起步阶段，发展预期一致看好。

实际上，在研究了体育旅游的诸多客观条件后发现，我国是一个体育旅游资源非常丰富的国家，只是目前由于种种原因尚未得到有意识的开发。但与旅游业发达国家相比，我们的产品缺乏特色，多为传统观光型旅游产品，而现代旅游市场所需要的休闲旅游、专项旅游等特色产品和新型产品却还没有得到足够的重视与开发，旧的传统型产品结构在一定程度上影响了我国体育旅游业的快速发展。加快体育旅游业开发，对优化旅游市场结构，提高市场竞争力可起到相应的作用。

对我国来讲，开发体育旅游业刚好与我国众多西部政策相吻合。利用体育旅游市场，可以使我国西部大多数省、自治区把发展旅游业作为当地经济新的增长点或重点发展的行业之一。体育本身也应是一种重要的旅游资源，它结合当地的地理位置、气候特点和自然条件，在时空构架上充分挖掘体育旅游资源，对各地体育市场的扩展和旅游业的发展都具有积极意义，如在地势陡峭的青藏高原地区，可以开展丰富的登山和洞穴探险活动。但是，需要注意的是，在体育与旅游的结合或开发体育旅游市场时，需要在保护自然环境和生态环境的基础上进行，要求市场开发决不能以损害、牺牲自然环境与生态平衡为代价。

二、社会体育市场的经营开发

（1）社会体育市场经营开发的要求

社会体育市场的发展离不开对其进行的经营开发活动。为了正确、有序、合理的开发，就需要这些经营开发活动遵照一定的要求进行。并且，社会体育市场的经营开发不能是某个个人或个体组织，它是一个规模较大的"工程"，设计的内容和领域非常广阔。因此，社会体育产业和市场的发展应坚持国家办与社会办相结合并以社会办为主的原则，围绕全民健身计划的实施，积极引导和鼓励社会各界投资兴办经济实体，从事体育健身娱乐方的各类经营性活动。群众性体育协会、俱乐部、社会体育指导中心（站）和各体育娱乐经营场所，应以产业化为发展方向，为群众开展健身、健美、康复、娱乐等体育活动提供场地、设施和技术辅导等多项优质服务。具体来说，社会体育市场的经营与开发的具体要求主要有以下几点。

1. 经营开发要以效益为核心

社会体育市场的开发并不是一种义务性质的，而是以追求效益为目标的，它需要通过经营与开发获得利益。重视效益，不断提高效益，这对解决我国社会体育资金不足，增加体育发展的活力，为社会提供更多更好的体育服务，实现社会体育发展战略目标有着重要意义。同时，良好的社会效益和经济效益也是社会体育产业和市场自身生存和发展的根基。因此，提高经济效益和社会效益就是社会体育市场经营开发的关键核心。

2. 经营开发要以市场为导向

在经济学领域，市场的作用是巨大的，它影响着产品的供应和未来产品的发展趋势。在社会体育市场的经营与开发环节，也需要特别对市场进行深入研究，并要求以市场作为经营开发的导向。

社会体育产业的开发和市场的经营应坚持以市场为导向，即根据市场需求来确定投资方向和选定目标市场，具体就是根据广大体育消费者需求的变化趋势，调整经营战略和营销策略，使社会体育经营部门全方位地面向市场，增强服务能力与竞争能力，在市场中求生存，求发展，并通过市场向广大体育产品、服务消费者提供更多、更好的能满足人们需要的各类体育产品和服务。

3. 经营开发要以法律为保障

我国是社会主义法治国家，依法治国是我国立国之根本。尽管我国现在在各个领域中都有法律保障，但并不证明没有漏洞可钻。对于社会体育市场领域来说，其目前仍表现出处于初级发展阶段的特点，如市场环境不稳定、市场条件尚需完善、市场规则尚未健全以及对社会体育市场发育起作用的竞争机制、价格机制等尚不完整等。

诸多不利因素还是存在的，关于社会体育市场这项新兴的体育产业的发展还没有达到高枕无忧的地步。为使社会体育产业和市场能得到健康、顺利、快速的发展，其经营开发必须要用法律来保障。通过逐步建立和完善市场管理法规来维护市场正常秩序，制止各类违法和不正当的经营活动。

4. 经营开发要以营销为主要手段

经营开发的成功与否在于营销行为。社会体育市场即作为市场，就无疑存在营销行为，将体育产品或服务成功营销给体育消费者，并得到体育消费者的认可是最理想的结果。

在市场经济中，作为市场主体的各种经营行为都是以经营组织或个人的利益（主要为经济利益）为出发点的。直白地说，就是需要通过营销产品或服务的方式挣到钱。根据这一特点，社会体育市场的经营开发也要以营销为主要手段。通过营销方法和市场运作，建立经营组织的利益激励机制，以调动劳动者的积极性，提高工作效率，从而提高工作的效率和经营行为的经济效益。

（二）社会体育市场经营开发的特点

社会体育市场经营开发的形式种类多样，但从市场营销角度上看，社会体育市场的经营开发与其他产品或服务的营销开发区别不大，在营销过程中也显现出了一些共性特点。具体来看，在社会体育市场中的经营开发有以下几个方面的特点。

1. 社会体育市场经营开发的系统性

社会体育市场经营开发的系统性，是指所开发的体育产品、服务等各个方面不是彼此分割的，而是一个紧密联系的整体。它们中间的系统有主次、大小和层级之分，基于此对应的不同层次和各子系统的战略，只能是整体系统战略的一个局部。这里的局部应该服从整体。以一个从事体育产品或服务的公司为例，它在经营开发过程中，就要随时注意把整个企业战略作为一个整体系统工程来统筹制定，追求整体效益的最大效益。

2.社会体育市场经营开发的长期性

要想使我国社会体育市场健康成长，对其的经营开发活动就应该是一种可持续的发展过程，而不是短期的投机倒把行为，这就是社会体育市场经营开发的长期性特点。

长期经营开发社会体育市场有利于开发者从更长远的眼光着手，但这并不是说眼前的经济利益不重要，长期性的经营开发实际上是要求企业能够在短期盈利的基础上，对所从事的经营行为做长久的打算，要更加重视长远的利益。当然，未来又是以当前为出发点的，任何未来的发展都要以当前为依据。因此，立足当前，放眼未来，协调当前和未来发展的关系是市场经营决策的关键。

3.社会体育市场经营开发的全局性

前面提到的长期性特点的关键在于着眼未来和可持续发展，那么在此还有一个特点就是关于社会体育市场经营开发的全局性特点。全局性特点既要求在短期经营中出现，又要求在长期经营布局中出现。也就是说，全局性是社会体育市场经营开发必须要遵循的要求和原则。

任何一个企业的市场经营开发战略都应该是符合企业发展需要和利益的。需关系，并作出相应的对策，这既关系社会体育产业和市场的发展，又属于企业经营开发决策的内容。然而，全局又是由各局部有机地构成的。所以，照顾各个局部之间的关系，也是经营开发决策的一项重要任务。当然，越多机构的参与会给全局性带来越多的困难。但即便这样，也不能跳出全局性的"圈子"而自行其是。

4.社会体育市场经营开发的灵活性

社会体育市场并不是一个绝对不会变化的稳态，它也是一个永远处于运动中的事物。影响社会体育市场的因素众多，因此，为了适应它的变化，对其进行的经营开发活动就要具有一定的实效性和灵活性。

社会体育市场的变化可能受到内外部因素的影响。例如，外部因素发生变化（如市场需求，政治或经济形势变化，政策与法令变更等）时，必须不失时机地作出战略性的调整；内部因素变化时也会对市场经营产生影响。为此，企业战略是以现在为基础而对将来发展做出的决策，是积极地和有准备地迎接未来挑战的抉择。

5.社会体育市场经营开发的风险性

市场的运动性给市场带来了万千变化。当企业面对这些变化做出正确抉择时，一切都可以顺利进行，所从事的体育营销与开发也能获得丰厚利益。而一旦出现决策失误的话，则可能面对不同程度的损失，即风险。

某个机会的价值大小，往往取决于企业当时的地位、实力和素质条件，很多机会往往是转瞬即逝。机会和风险常常是可以互相转化的，能及时抓住机遇并抢得先机，就会得到应有的报偿。除上述方式外，社会体育企业的经营开发还应包括市场调研、市场信息的收集与管理和市场预测，市场营销战略、价格和促销策略的制定，市场开发、营销组合与计划、市场营销服务等项工作。

（三）社会体育市场经济开发的内容

1. 体育用品的销售

体育用品是人们参与各种体育健身活动必不可少的产品。因此，体育用品就成为各大体育企业争相切割的"蛋糕"。事实证明，体育用品消费也是大众体育消费的重要一项，以在我国普及度较高的乒乓球和与羽毛球运动为例，一个正规的、耐用的乒乓球拍、羽毛球拍的价格少则一二百，多则上千。毋庸置疑，这已经成为人们重要的体育消费点。由此，相关企业在社会体育市场经营中应当重视对这一市场需求及变化的考察与调研。企业在生产出适销对路、质量上乘、经济适用的各类体育用品，还要研究产品销售的渠道和消费对象的要求，将产品级别分出层次，以此满足广大体育用品消费者的需要。

2. 健康咨询与辅导

现代人们越发注重对自身健康程度的关心，且乐意为身体健康而付出金钱。针对人们对健康理念的变化，社会体育市场就要紧随这一变化，开展包括对体育锻炼的基本知识、增强体质有效的方法和手段等，进行技术咨询和辅导，办相应的指导班和培训班，以及进行体质等方面的测试及评价、运动处方指导等。

需要特别注意的是，这个领域具有相当高的严谨性和科学性，它需要有专业人士参与，否则则容易出现较大风险，如为健身者设计了不符合其健康发展的运动处方等。

3. 群众性体育健身俱乐部

各种类型的健身俱乐部在现代已经非常易见，如健美操、健身、泰拳、跆拳道、瑜伽等俱乐部。成立以健身、娱乐为目的的俱乐部，以会员制、定期消费制和临时收费制等方式收取相应的费用。其目的是为了在丰富群众体育活动时，为广大体育消费者提供有偿的体育服务，满足不同层次体育消费者的需要。健身俱乐部不仅可以为特定健身爱好者提供活动场所，更重要的是它能够提供给这些人群更加专业化的指导，满足他们对该项体育运动的学习需求。

4. 体育表演市场

体育表演市场的形式非常好理解，如体育比赛，或是以某项体育运动为主要形式的体育表演等。体育表演的主要形式是个人或集团承办各级各类体育观赏比赛，引导人们进行这方面的消费，以满足群众在精神方面的需要。而承办者通过收取相应的门票收入、广告费用和商家赞助等，获得经济收入。

5.新技术、新方法、新器材的开发

这里所说的新技术、新方法、新器材的开发，主要是指用于体育健身方面的新技术、新方法和新器材的研究和开发。在现代科技水平不断发展的今天，没有进步就是一种退步，特别是对一些新奇的健身产品的制造都非常依赖新技术、新方法和新器材的开发。这些行为可能带来的结果是革命性的，如它可以生产出更加经济实惠的体育产品，更加科学有效的体育健身用品，或者是向体育健身消费者提供科技含量更高和更加优质的体育健身服务。

在社会体育市场领域中可经营的范围非常广，从事社会体育产业和市场经营活动的企业可根据社会体育发展的战略目标进行决策，开展市场调查和进行经营抉择，明确制定具体的经营项目，编制经营开发计划并确定经营方向。

第四节　社会体育产业未来发展趋势

目前，我国社会体育产业处在努力发展阶段，并且还将长期处在不断发展阶段。尽管它作为朝阳产业仍旧存在不成熟的地方，但相信在社会经济发展、人们收入水平提高和大众消费结构变化的推动下，在产业结构调整、扩大内需与增加就业政策的作用下，社会体育产业的快速发展已成必然。从现在在社会体育产业中的种种表现中，可以推测出其未来的发展趋势。

一、产业结构调整给社会体育产业带来机遇

体育产业总体上讲属于第三产业，而大力发展第三产业是目前我国调整产业结构的基本方针。国家产业结构调整和升级的变化，大体上是从三个方面影响社会体育产业的发展。

（一）国家政策的支持

能得到国家产业政策的扶持，包括投资融资的优惠政策、税收减免的优惠政策、用工用地的优惠政策等。特别是随着我国产业结构调整的力度不断加大和体育产业规模、效益的不断提高，国家和政府给予社会体育产业一定的优惠政策将是有可能的。

（二）产业结构调型带来的社会投资

产业结构调整会给体育产业带来更多的社会投资。白为资本的流向是由资本利润决定的，体育产业是朝阳产业，随着产业结构调整步伐的加快，如果在社会体育产业中投资的回报率明显高于社会投资的平均利润率，这就会出现各种资本向社会体育产业流动的良好态。

（三）产业结构调整带来的优秀人才

产业结构调整会给社会体育产业带来更多高素质的经营管理人才。到了后工业化时代，高素质的经营管理人才将会出现由制造业向服务业转移的趋势，因为人才流向和资本流向同样是由利润率高低决定的。产业结构调整的力度越大，体育产业集聚高素质人才的优势也就越明显，而高素质专业化人才对社会体育产业这样一个具有生机和活力的新兴行业来说是十分重要的。

二、社会体育产业对拉动经济增长的贡献

目前，我国正致力于社会主义经济建设。经济建设的方式多种多样，如此才能保证经济建设的多元性和灵活性。对内扩大内需就是其中较为重要的方式。我国的国内市场较为庞大，这不仅是我国看重的市场，同时也是全世界资本国家虎视的"蛋糕"。对内满足国内市场需求，不仅可以提高人民的生活水平，还可以拉动经济持续增长。不可否认的是，我国近些年来的实体经济发展有一些阻碍，不过可喜的是，这并没有影响我国大众在体育消费方面的支出。在此期间，我国大众的体育消费始终保持不断增长，体育市场逐渐繁荣，体育产业的规模和效益不断提高。这些有利现象已得到了相关体育部门和市场关注。

社会体育产业要抓住机遇，在扩大内需，拉动国家和地区的经济增长上起到明显的绩效。为此，应注重以下几方面。

（一）体育用品出口创汇贡献

近年来，随着我国民众的体育消费不断上涨，我国已经逐渐成为体育用品的消耗大国。众多世界知名体育用品公司都在我国设立了专卖店。我国体育用品企业也借此良机，打造优秀的民族品牌，其中李宁和安踏成为业界的领导者。尽管我国体育产品生产数量连年提高，但不能否认的是，在产品的质量和附加值方面还较落后，特别是品牌价值大多还不能被广大消费者认可。

前面文中曾经提到过，体育用品是大众参与体育健身活动的物质基础，这也就说明了世界上只要拥有体育运动参与者，就相应拥有对体育用品的巨大需求。这些年来我国体育用品在出口上作出一定贡献，为我国创造了不少外汇收入，但若想在未来获得更大的发展需要做到以下两点。

（1）提高我国体育用品业整体的规模效益，提高我国体育用品企业与国外同类企业的竞争力。

（2）体育用品企业要加大研究与开发的投入力度，不断提高我国体育用品的科技含量，增强所出口的体育用品在国际市场上的竞争力。

（二）社会体育产业在民间投资方面的作用

投资是带动经济发展的重要方式。投资即会增加热钱对某项产业的经济支持，这使得该产业即刻可以获得生机，展现出与以往不同的新面貌。

在未来，社会体育产业无疑将会有更加良好的发展前景，有望成为民间投资的新热点。之所以敢于大胆对社会体育产业的前景做出乐观的预测，其原因主要在于一是社会体育产业的主体部分是健身娱乐业，对这一领域的投资与其他产业相比投资更少、见效更快、效益更好、民众的认可度更高；二是以健身娱乐为主要内容的体育消费正在成为全社会新的消费热点，即大众的理念中开始越发注重对这方面的投资。从事实上看，先期在这些领域投资的企业经营绩效也越来越好。体育消费渐旺和巨大的增长潜力以及先行者获利的示范效应，都使得在这一领域启动民间投资成为可能。

（三）吸引大众更加积极地参与体育消费

乍一看，体育消费并没有什么大宗交易，但由于其参与人数众多，涉及内容较广，那么其总计的消费结果仍旧非常可观。大众的最终消费才是扩大消费需求的主要评判标准。从我国现今实际情况来分析，当前我国居民消费需求包括实物消费和非实物消费两种。目前，进一步增加居民的消费必须把工作重点由实物消费领域转到非实物消费领域。具体来说，非实物消费主要是在文化消费领域中，即是使用金钱换取人的精神上的满足的方式。体育消费是广义文化消费的形式之一，从本质上讲属于满足人们享受的发展需求的消费。要把居民有支付能力的体育消费需求引导出来，是扩大内需的一种方式。

三、城市社区化和农村城镇化推动社会体育产业发展

目前世界高收入国家城市化水平已达 80% 以上，中上收入国家达 60%，中下收入国家达 55%，低收入国家平均也在 35% 左右。近 20 年来，我国的城市化水平尽管有了较大幅度的提高，但目前我国的城市化水平在世界 43 个低收入国家中仍然处在中位偏下的水平。整体城市化水平的低下严重制约了消费结构和产业结构的升级。因此，我国政府将会采用调整现有大城市的功能，适度扩大大城市规模和积极发展中小城市等多种手段，迅速提高我国的城市化水平。同时，与农村城镇化趋势相伴随的将是城市社区化程度越来越高。随着城市人口的自然增长以及城市化带来的农民进城效应，我国的城镇人口今后一个时期将会有一个较快的增长。按照发达国家的经验以及我国在部分城市试点的情况，新型的组织管理形式就是社区化服务。从体育产业角度看，城市社区化和农村城镇化都将为加快体育产业的发展提供机遇。

城市社区化和农村城镇化能创造出巨大的体育消费需求。目前我国的体育消费主要在大中城市表现得比较活跃，约占 70% 的农村人口几乎没有体育消费。这是因为农民

的低收入和传统的生活方式从客观上制约了他们对体育服务和体育用品的消费。因此，如果没有激发 8 亿农民体育消费的有效途径，体育产业成为国民经济新的增长点就不太现实。而城市社区化和农村城镇化为解决广大城乡居民基本体育消费需求提供了可能。

城市社区化和农村城镇化，对培育和发展社会体育市场十分有利。从市场学角度看，消费者在一定规模上的聚集是市场形成和发展的必要条件。社会体育市场的培育和发展，也需要消费者的聚集效应来支撑。城市社区化和农村城镇化还会拉动对社会体育产业领域的投资需求。社区化和城镇化在激发体育消费、活跃体育市场方面的效应，会使社会投资者对这一领域投资的信心增强，从而能吸引更多的资金进入，扩充体育产业的资本总量，提高社会体育产业的规模效益。

四、我国社会体育消费的增长趋势

体育健身活动及必要的体育消费已经成为现代我国大众的主要日常生活休闲娱乐方式，同时这些体育消费也符合消费结构变化的趋势。根据我国社会经济发展的基本走向和社会体育市场的基本走向，总结出了社会体育消费发展可能在未来出现的新趋势。

（一）城乡居民体育消费的总量将持续增长

我国 GDP 的增长近些年来一直保持在 7% 的较高水平，这一势头还将继续保持较长一段时间。在 GDP 持续保持稳定增长的过程中，城乡居民的收入水平也随之同步增长。再加上我国城市化进程的进一步加快，城镇消费人口总量将会有一个较快的增长，这些因素都会使得城乡居民消费结构不断优化，进而使得以城乡居民为主的体育消费群体的数量会进一步上升。然而，消费总量的增长作为一般趋势，在不同的体育消费领域会有不同效应，即体育物质产品的消费在一定时期内仍会高速增长，而随着时间的推移，增幅会逐步回落；体育服务产品的消费会逐步活跃，并且随着时间的推移，其增幅将会不断提高。

（二）个性化、多元化的体育消费将会出现

实物型体育消费将继续增长，但消费差别与档次将不断加大，个性化、多元化消费的趋势开始显现。实物型体育消费的持续增长，主要是指运动服装鞋帽、健身器械、体育图书、报刊、音像制品等实物型消费资料需求的持续增长。与此相伴的是消费结构上也会出现一些变化。首先，城乡居民收入水平差距的拉大将导致对体育用品消费档次的进一步加大；其次，人们对体育用品的需求会出现个性化和多元化的特征。这种特征不仅表现在体育用品会出现多样化的趋势，而且同类商品在款式、规格、用料、功能、价格以及售后服务等方面也会出现高中低档并存的现象，以适应体育消费者多元化和个性化的消费需要。

（三）观赏性体育消费者群体将日趋壮大

随着我国居民收入水平的不断提高和消费结构的不断变化，体育欣赏消费在近些年来在体育产业中的比重越发增大，除竞技赛事外，人们还对那些趣味性、娱乐性、刺激性等类体育活动的观赏抱有极大兴趣。需要特别指出的是，广大群众对高水平运动竞赛和对趣味性、娱乐性、刺激性等体育活动的观赏并不是一种刚性需求，即在这方面的消费弹性很大。在这种情况下，如果赛事质量不高，不能达到满足体育消费者对比赛观赏的要求，那么这些体育赛事将被视作没有观赏价值，久而久之便失去了观众。因此，这种潜在的以观赏体育赛事为主要形式的体育消费增长趋势也就难以变为现实。

（四）参与性体育消费将会带动整个体育消费的快速增长

参与性体育消费，是指人们为追求健康和娱乐而花钱购买由体育服务企业提供的健身娱乐服务、健身技能培训、辅导、咨询，体质测试，健康评估以及体育康复等服务产品。这一类型的消费将会成为带动整个体育消费快速增长的原因。

（1）我国居民人均收入的不断增加以及生活方式的改变，是带动参与性体育消费快速发展的动力。

（2）医疗保健制度的改革激发了人们对"参与性"体育消费的需求，人们更愿意花钱参加各类体育健身消费以增进健康。

（3）政府的重视与支持，为参与性体育消费群体的扩大和消费水平的提高营造了良好的外部环境。

我国国民经济的持续稳定发展，将会推动我国社会体育事业的进一步繁荣，而社会体育产业作为社会体育的一个重要组成部分，必将与社会经济和社会体育事业同步协调发展。

第六章　社会体育组织体系的构建与发展

社会体育是我国体育事业的一个重要组成部分，同时也是人们现代生活的重要组成部分。增强人民体质，使人们的身心健康、社会健康得到进一步增强，延长人们的生命，满足人民群众在健美、娱乐、休闲、医疗、康复、社交等方面的需求，这些都是社会体育的主要目的。社会体育活动的组织对于社会体育发展起着重要的指导作用。本章主要对社会体育组织的基本内容和基本原则，以及社会体育组织活动中常用的指导方法进行详细分析和研究。

第一节　社会体育组织的基本内容

一、健身体育

（一）健身运动项目内容的选择

正常人为达到一定的健身、健心、健美目的所采用的身体锻炼的具体活动内容与方式，就是所谓的健身运动。通过体育锻炼，能够使体质有所增强，使参与者的身体在形态、机能、生理、生化等多方面都发生较好的变化，可以说，这是一个日积月累的渐进过程。对于这些参加体育锻炼的人们来说，他们之间在地理环境、文化背景、生活方式、生活习惯等方面都存在着一定的差异性，锻炼的客观条件也有着较大程度的不同，因此，他们只有在众多的体育项目和内容中进行恰当的选择，才能够达到使各自不同的锻炼目的得以实现的目的。在社会发展和科技进步的推动下，人们的物质生活水平越来越高，随着社会的发展，科技的进步，人们的物质生活水平有了极大的提高，这也就使得人们的膳食结构发生了一定的变化，不再是粗茶淡饭，而是逐渐偏向高糖、高脂肪、高蛋白等高热量食物。现代化交通工具的普及与运用，以及家用电器的普遍使用，则大大缩短了人们的家务劳动时间；办公机械化、电气化、自动化程度的迅速提高，以及网络信息技术的快速发展，则大大减少了人们从事各种体力劳动的机会和时间。除此之外，由于生活节奏的不断加快、社会竞争的日益激烈、人际关系越来越复杂以及环境污染的程度越来越高等多种因素的影响，导致人们出现一些不良的现象，比如，营养过剩、运动不足、精神高度紧张等，同时，这些变化也导致了一些常见病和高发病的发生，比如恶性肿瘤、心脏病、高血压、糖尿病、肥胖症、神经衰弱等。这些都被称为现代社会的"文明病"，它给人们造成了非常大的危害，并且危害的范围非常广，导致非常严重的后果。在文明病的侵害下，人们急需要通过体育锻炼来达到关注健康、投资健康、拥有健康、提高生活质量的目的。同时，为了取得理想的运动效果，还要保证运动的科学性。中华民族有着五千多年的发展历史，文化底蕴深厚，在这一长期发展过程中，人们创造出了一些科学健身项目，比较具有代表性的有导引术、五禽戏、八段锦、太极拳等，这些项目至今也受到人们广泛的欢迎与喜爱，形成了具有东方特色的养生健身文化。

随着改革开放的不断深入，中西方体育文化的不断交流、推广，有越来越多的西方体育健身项目逐渐涌入中国，比较具有代表性的有健美运动、健美操、体育舞蹈、瑜伽、高尔夫、保龄球、网球、攀岩等，这些项目已经成为人们健身活动中的新亮点和热点，受到人们的欢迎与喜爱。在体育锻炼过程中，尽管人们可以选择的体育健身项目、内容以及方法和手段有很多。但是，并不是某一个健身项目对于任何人都适合的，究其原因，主要是由于每个锻炼煮的年龄、性别、身体状况、职业特点、锻炼目的、兴趣爱好以及体育基础等方面都存在着一定的差异性，再加上锻炼的场地器材、地域、季节气候等客观条件的影响，这就要求锻炼者要根据自身的实际情况和需要，有针对性地选择适合自己的健身项目和内容、方法等，只有量体裁衣，做到"一把钥匙开一把锁"，才能够取得理想的健身效果。通常情况下，年轻的锻炼者往往会选择竞技成分相对较大、运动量较大和运动强度较大的体育活动和比赛项目；对于中年的锻炼者来说，运动量和运动强度适中的娱乐体育、民族传统体育是他们的首要选择；而对于老年的锻炼者来说，运动强度较小和运动量适宜的门球、体育旅游、散步、太极拳、棋牌类等活动则是他们的最佳选择。

（二）选择健身项目的注意事项

通过科学合理的健身运动，能使参与者的锻炼效果得到有效的提高，使他们的体质得到进一步的增强，使他们的体育健身需求得到满足，使其文化生活内容进一步丰富，同时也使锻炼者的身心健康水平得到进一步的提高。因此，为了保证理想的健身效果，需要注意以下几个方面的事项。

1.要将以人为本、健康第一的思想充分体现出来

在体育锻炼过程中，每个锻炼者的体育健身目的、年龄、性别、兴趣、爱好、身体状况、职业特点、体育基础、所处地域和季节气候等情况都有一定的差别，因此，这就要求以每个锻炼者的实际情况和特点为主要依据，同时结合不同的运动项目所具备的不同健身效果，为体育锻炼者提供门类众多的体育服务，科学理性地从中选择出更加适宜

他们自身的运动健身项目，让所有的体育锻炼者都能身心愉快地从事自己喜爱和擅长的体育健身活动，从中享受运动带来的快乐，进而达到增强体质、获得事半功倍的健身效果的目的。

2. 对身体锻炼的全面性较为重视

作为一个完整的系统，人的有机体所包含的身体各部位、各器官、各系统的机能、各种身体素质以及基本活动能力和心理都应得到全面健康的发展。人的有机体某一方面的发展或退化都会对其他相关方面造成一定的影响，从而导致其发生相应的变化。所以，在锻炼过程中要强调全面的身体锻炼，要统筹兼顾，注重选择那些能使身体机能得到全面、协调发展的体育锻炼的项目、内容、方法与手段，从而使单一片面的锻炼项目、内容以及方法与手段给人体造成的发展不均衡或畸形发展等情况得到有效避免，使人们的身体在体育健身锻炼过程中能够获得令人满意的全面健康的发展得到有力的保证。

3. 要科学辩证地对待运动项目的运动负荷

不同的运动项目给予人体的运动负荷以及作用也是有所差异的。每个运动项目的运动负荷安排是否科学合理，会对健身锻炼的效果产生直接的影响。一般情况下，如果运动负荷过小，给予机体的刺激有限，那么就不会引起机体的相关反应，同时，也就达不到强身健体的作用；反之，如果运动负荷过大，给予机体的刺激超出了机体的承受极限，那么这样不仅不会取得增强体质的效果，反而会对身体的健康产生不利影响。因此，只有对运动负荷进行科学合理的安排，使锻炼的运动负荷对于不同锻炼者的承受能力都较为适应，才能获得理想的锻炼效果。同时也要对运动负荷的大小有相对客观的认识，对于每个锻炼者来说，运动负荷的安排与实施一定要因人而异，区别对待，科学辩证地对待相同的运动负荷，同样的运动负荷，对于每个锻炼者所造成的刺激和作用是不同的。

二、休闲体育

（一）休闲体育项目内容的选择

人们怀着自由自在的心态，在可以自由支配的余暇，为放松身心、获得愉悦的情感体验、丰富文化生活、提高生活质量而进行的各种体育娱乐活动，就是所谓的休闲体育。随着社会进步和科学技术的飞速发展，人们拥有的余暇越来越多，其生活质量也有了进一步的提高，对文化生活的需求也进一步提升。在这种背景下，休闲体育就成为人们消除生活、工作节奏加快所产生的高度紧张、运动不足和疲劳，获得积极性的休息，从而达到放松身心、释放情感、满足人们身心健康发展的需求的一种重要方式和手段。休闲体育活动有着非常丰富的内容，而其活动形式也非常自由，不会受到相应的限制，在技术和体能方面也没有较高的要求，人们可以根据自身的喜好选择参加哪种锻炼方式，在这样轻松愉快的氛围下从事自身喜爱和擅长的休闲体育活动，不仅将人们身心健康发展的人文关怀充分体现出来，而且还能取得理想的锻炼效果。

休闲体育有着非常丰富的内容，其中，较为主要的包括各种球类游戏、活动性游戏、旅游、狩猎以及观看各种体育比赛和表演等活动。具体来说，可以将其活动的形式分为三种：一种是包括观看各种体育运动竞赛和体育表演的活动在内的观赏型休闲体育活动；一种是包括各种棋牌、电子游戏、垂钓等活动在内的陶冶性情型休闲体育活动；还有一种是包括各种现代竞技运动项目（降低、软化竞技技术要求的成分，突出鲜明的游戏性、娱乐性等特征），郊游、踏青、登山、徒步旅游、漂流等活动在内的运动型休闲体育活动。

但是，需要强调的是，这些丰富多彩的休闲体育活动内容及各种各样的锻炼方式并不是对每个人都适应的。究其原因，主要是由于人们在年龄、性别、兴趣、爱好、身心的实际状况以及所处地域、季节气候、锻炼环境等方面存在着较大的差异，因此，这就要求在选择休闲体育项目内容时，要对上述具体情况，以及具有浓郁民族特色的传统体育项目进行充分考虑，以不同参与者的身心特点和实际情况为主要依据，从众多休闲体育活动中将适合他们的体育项目选择出来。比如，适合中老年人参加的休闲体育活动主要包括运动负荷适中、修养身心的钓鱼、太极拳、郊游、踏青、棋牌、交际舞等；适合青少年的休闲体育活动主要包括竞技成分较高、运动负荷较大的球类运动、街舞等休闲体育；而对于女性来说，较为适合他们的休闲体育活动主要包括健美操、体育舞蹈、瑜伽、交际舞、乒乓球、羽毛球、慢跑、散步、太极拳等。

（二）选择休闲体育项目的注意事项

对于休闲体育来说，需要注意的主要问题就在于如何选择适合自己的休闲体育活动，只有适合自己的休闲体育活动，才有可能取得理想的锻炼效果。具体来说，要按照以下几点要求进行选择。

1. 选择与自己身心发展的规律和特点相符的休闲体育项目

自身的身心发展规律和特点以及个人的兴趣、爱好和锻炼基础，是选择正确的休闲体育活动的首要依据。不同年龄、性别的参与者其自身的实际状况是有所不同的，这就要求参与者要在充分了解自身实际情况的基础上，科学合理地选择与本人相适应的休闲体育项目，做到量力而行，注意安全，适可而止，切忌逞强好胜、相互攀比，从事自己力不从心的休闲体育项目。

2. 要保持一个相对固定的活动团队

尽管休闲体育活动的形式是比较自由的，可以是个人活动，也可以是集体活动，但是，休闲体育活动是一种多元化的活动，其中的大多数活动项目都是与他人共同进行的。因此，在从事休闲体育活动时，正确地选择一个适宜的活动团队是非常重要且必要的。在一个适宜的活动团队中，所有的参与者都对从事的活动项目抱有相同的兴趣、爱好及特长，共同的运动嗜好，这不仅对人们的相互照顾、相互督促、相互鼓励，保持活动的连续性和稳定性较为有利，同时，对于人们相互学习、相互交流经验，改善运动环境，取长补短，提高技术水平，增加运动的乐趣，也起到积极的促进作用，有助于良好锻炼效果的取得。

3. 选择与愉悦身心和非功利性特点相符的休闲体育活动

锻炼者参与休闲体育的主要目的是寻求身心放松、获得愉快情感体验、提高生活质量。而休闲体育主要是通过各种休闲健身运动对人们的身心状态进行调节并使其得到有效的改善，以获得积极性的休息，对身心得到健康发展起到积极的促进作用。通常情况下，不计任何报酬的非功利性运动，主要追求的是体育活动本身所带来的乐趣，对体育运动过程的快乐进行享受。由此可以看出，选择休闲体育项目的主要依据在于：能使人们身心放松的需求得到最大限度满足，并在进行活动时对运动带来的乐趣进行充分的体验，从而获得最大的身心愉悦，对人们的身心得到健康的发展起到积极促进作用。

4. 选择与自身的经济条件相符的休闲体育活动

对于大部分休闲体育来说，都是需要有或多或少的经济投入的，因此，这就要求参与者以自身的经济收入为主要依据来选择与自己消费能力相适应的休闲体育活动。休闲体育的消费是多元化、多层次的，有高消费，也有低消费，因此，一定要科学合理地选择适合自身经济条件的休闲体育活动，切忌盲目选择，以免给自己带来较大的经济负担。

三、康复体育

康复是达到下述目标的一个过程，旨在通过综合、协调地应用各种措施，消除或减轻病、伤、残者身心、社会功能障碍，达到和保持生理、感官、智力精神和（或）社会功能上的最佳水平，从而使其借助某种手段，改变其生活，增强自立能力，使病、伤、残者能重返社会，提高生存质量。康复在现代医学领域中的运用，主要是指身心功能、职业能力、社会生活能力的恢复。康复体育是 20 世纪中期出现的一个新的概念，它是以患者伤病的特点为主要依据，通过采取体育手段或机体功能练习的方法，来达到伤病预防、治疗和康复目的的一门应用学科。

（一）康复体育的基本特点

康复体育与其他的社会体育的内容有着一定的差别，其主要体现在其显著的特点上。具体来说，其显著特点主要表现在以下几个方面。

1. 康复体育是自然体育

康复体育是利用人类固有的运动功能来为患者进行治疗的一种重要手段，其可以在大自然中随心所欲地开展活动，不受时间、场地、器材设备等条件限制，通过正确的组织引导，往往就能够取得理想的康复效果，并且不会产生相应的副作用，是较为天然和安全的康复手段。

2. 康复体育是整体兼顾的全身体育

人体的各部位、各组织器官系统的机能并不是相互独立的，而是相互联系、相互制约又相互影响的。因此，对于康复体育来说，也并不是哪里痛就只是哪里出了问题，就只针对某一部位进行治疗，而是通过有效的身体运动作用于全身，通过合理的全身运动来使人体各器官系统的调节能力得到有效提高，对人体的机能得到全面的改善和提高起到积极的促进作用，从而达到增强体质、提高适应力和抵抗力的目的。

3. 康复体育是目的明确的主动体育

患者为达到各自的恢复目的而主动参与治疗过程的一种主动性锻炼，就是所谓的康复体育。由于患者参加康复体育锻炼是有着非常明确的目的的，因此，在锻炼治疗过程中，他们往往都能积极主动地配合有关指导，用自身的意志和行动来克服锻炼中出现的诸多不适，并通过自己不懈的努力来达到自我康复的目的，所以说，这种具有明确目的的主动体育对于患者治病的积极主动性的调动，以及促进患者的健康恢复都是较为有利的。

4. 康复体育是特许的监护体育

康复体育面对的是各种各样急需恢复健康的患者，因此，这就要求以不同患者的具体疾病为主要依据，在有关指导人员和医务人员的严格监护下进行有针对性的锻炼。同时，还要加强与疾病医学治疗的密切配合，对康复锻炼过程中患者出现的各种不适进行正确诊断和监控，采取有针对性的预防措施和手段，从而使康复锻炼的科学性、安全性得到有力的保证，进而使患者的康复速度进一步加快。

（二）开展康复体育的注意事项

在进行康复体育锻炼时，为了使因指导和安排不当而给患者增添额外的损伤或意外引发新的伤害，进而造成不必要的事与愿违的结果得到有效避免，就需要注意一些相应的事项。具体来说，主要涉及以下几个方面。

1. 对锻炼的全面性较为重视

康复体育是针对身患各种不同疾病的患者而开展的具有明确目的性的康复锻炼。每个患者的伤病部位、疾患程度都是有所不同的，尽管如此，人作为一个完整统一的有机体，其机体的各部位、各组织器官系统是相互联系、相互制约、相互影响的。因此，康复体育不仅会加强对患者的伤病有针对性的康复锻炼，而且对患者康复锻炼的全面性也非常重视，从而使康复锻炼的片面对身体造成的发展失衡或是畸形发展的可能得到有效地降低或者避免，进而使每个患者都能得到理想的康复的目的得以实现。

2. 对循序渐进和因人而异较为重视

伤病的恢复需要一个过程，康复过程也是需要有耐心和毅力的，康复锻炼并不是锻炼一两天就能见到效果，是需要一定的时间才能够看到效果的，因此，这就要求患者在康复过程中不要操之过急，否则会适得其反，甚至加重伤病的程度，造成事与愿违的不良后果。所以，这就要求康复锻炼要与患者的实际情况有机结合起来，循序渐进地对康复锻炼进行科学合理的安排，使患者逐步地适应锻炼活动，稳步地恢复健康。同时，还要以每个患者的具体情况为主要依据，科学合理、循序渐进地安排锻炼的内容，让患者都能从事自己适宜的锻炼活动，能心情愉快地投入锻炼，以此来取得理想的康复效果。

3. 对症下药，对科学性较为重视

在进行康复体育锻炼时，要对患者的各方面情况，特别是他们的伤病情况、实际身体状况进行充分的了解，这样才能够以每个患者的具体伤病状况和实际情况为主要依据，有针对性地采取相应的康复手段，将锻炼的内容、方法、手段科学合理地确定下来，因人而异地进行康复锻炼，并随时针对患者的不同变化和需要及时进行适当调整，使康复锻炼符合患者的实际需要，从而为理想康复效果的取得奠定坚实的基础。

4. 重视安全，做好充分的准备活动

不管开展什么样的体育锻炼，安全都是第一位的，如果忽视安全，那么便与体育锻炼的相关规律相违背，就会出现不必要的伤害事故，更何况是从事康复锻炼的患者，会起到相反的作用。因此，在开展康复体育时要对安全第一进行重点的强调，从而引起大家的广泛重视。对于患者来说，进行康复锻炼需要具备的一个非常重要的条件，就是要在锻炼前做好充分的、有针对性的准备活动，从而使各器官系统的机能进入良好活动状态得到保证。除此之外，还要根据康复锻炼过程中出现的一些症状进行及时的区分和监控，注意场地器材的安全问题，从而使患者取得理想的康复效果。

第二节　社会体育组织的基本原则

一、以人为本原则

（一）对人类的健康发展起到积极的促进作用

关于健康，当前人们的健康意识越来越强，开始重视健康的保持。同时，我国已经出台了许多这方面的政策法规，以此来促进我国人民的健康发展。我国《宪法》第 21条规定："国家发展体育事业，开展群众性体育活动，增强人民体质。"《中华人民共和国体育法》第十条规定："国家提倡公民参加社会体育活动，增进身心健康。"由此可以看出，社会体育活动的开展要将"以人为本"这个核心思想充分体现出来，从而使人们身心健康发展的需要得到最大限度的满足。

21 世纪强调的就是以人为本，而当前的潮流就是追求健康、投资健康、共享健康。开展社会体育活动，能够使参与者的身心健康得到有效增进，使他们的体质得到增强，合理调整参与者的价值观、道德观、行为方式，从而使现代社会紧张的人际关系较为融洽，使社会矛盾有所缓解，这对于和谐社会的构建也是较为有利的。另外，社会体育活动的开展，对于满足人们不同的体育娱乐需要和自我成就需求，促进人们自身的全面发展，从而对整个民族的健康发展起到积极的促进作用是较为有利的，同时，对于全人类的健康发展也有一定的帮助。

作为我国体育事业的基石，社会体育活动的主要目的是为人民服务，为人民服务或是以人为本都将社会体育活动的宗旨充分体现了出来。生命是非常珍贵的，对于每个人来说都是如此，只有身体健康，才能保护生命，因此，科学、合理、有序的体育运动是保证健康生命的唯一途径。这也是开展社会体育活动的重要原因之一。鉴于此，就要求建立起服务大众的思想和观念，倡导人文关怀、以人为本，通过经常性的各种体育活动来满足人们对体育活动的需求，从而增强参与者的体质。同时，人们积极参与到社会体育活动中，也会在一定程度上对社会体育的进一步发展起到积极的推动作用。

（二）健康生活方式的培养

随着经济的不断发展和社会的不断进步，人们的生活水平有了较大程度的提高，但与此同时，也有越来越多的问题随之而来。比如，人们的膳食结构发生了巨大变化，高能量食物的摄入量激增，造成营养过剩；机械化、电气化、现代交通工具、信息网络技术的大量普及和运用，使人们更加倾向于脑力劳动，而体力的支出越来越少，导致人们的体质普遍下降；工作和生活节奏加快，压力越来越大"文明病"越来越严重；等等。这些都会导致亚健康，因此，人们的健康受到了非常大的威胁，亟须通过一个显著有效的方式来对此进行改善。从相关的科学研究和调查中可以得出，体育娱乐运动是最积极、最有成效、最经济廉价的预防和治疗亚健康的手段。江泽民同志也曾提出"全民健身，利国利民，功在当代，利在千秋，"由此可以看出体育锻炼的重要性。当前，体育健身不仅成为一种潮流，而且其还具有改善和转变生活方式，提高生活质量，提倡和追求健康、文明、科学合理的生活方式的重要作用，因此可以说；体育健身运动的发展是一种必然。大力发展社会体育活动能够使人们的生活方式得到有效的改善，具体来说，主要体现在四个方面。

第一，能使人们的社会交往进一步扩展和丰富，使人们对文化、精神和情感等方面的需求得到满足，人际关系进一步融洽，同时，还能够使各种不良身心状态和不良情绪得到有效的调节和改善，从而对人们的身心健康起到积极的促进作用。

第二，能够有效保持、提高人体机能、体能状态和有效延缓人体机能、体能状态过快衰退，使身心疲劳消除，对多种疾病的发生起到积极的防治作用，从而使人们健康生活得到有力保证。

第三，能够使人们的生活进一步充实，恰当地拓展生活的空间。各种体育娱乐活动能够将人们的剩余精力合理地释放出来，使不良的行为习惯得到有效避免，使不健康生活方式得到有效的抵制；需要强调的是，亲近自然的户外运动能够使现代人狭小的生活空间得到拓展，不仅能够开阔眼界，洗涤心灵，陶冶情趣，而且还能够获得积极性的休息。

第四，能够对人们的价值观进行有效的整合，对人们的行为方式进行有效的规范，从而塑造健康、积极、向上的人格和意志品质。

综上所述，当前现代生活的一个重要趋势就是把体育纳入生活方式，通过体育活动改善生活方式，提高生活质量，提倡科学、文明、健康、合理的生活方式。因此，这就要求人们一定要重视健康，在以人为本的基础上积极参与到体育健身活动中来。

二、循序渐进原则

（一）遵循用进废退的规律

体育锻炼参与者的身体形态、机能、生理、生化等方面的变化都要与用进废退的规律相适应。人们在身体形态、生理、生化等方面要想获得良好的变化，需要经过较长一段时间的不懈努力才能获得的，而并非通过一朝一夕的锻炼就能形成。体育锻炼就好比是逆水行舟，不进则退。只要参加体育锻炼，不管形式如何，运用的什么样的方法和手段，都会对身体机能产生一定的影响，但是，这样所获得的良好的改善身体机能的效果是非常有限的，一旦停止体育锻炼，它对人体的良好影响就会很快消失。因此，要想使身体机能得到不断改善和优化，就必须持续进行体育锻炼，也只有这样，才能够保持持久的体育锻炼的效果，人们的机体才会逐渐地形成良性的适应，从而在身体形态、生理、生化等方面取得积极的良好变化。

（二）使参与者的身体机能与运动技能逐渐得到改善

循序渐进原则，是任何体育锻炼的参与者在体育健身锻炼过程中都必须遵循的一个基本原则。具体来说，在体育锻炼过程中要按照规律，注重一定的顺序，逐步地有次序地安排锻炼的运动负荷和相关体育技能的学习，并注重由小到大，由易到难，由浅入深的合理顺序进行安排，这就是所谓的循序渐进。在运用这一原则时，一定要注意，切不可操之过急。

在体育锻炼过程中，体育锻炼参与者往往会出现操之过急和欲速则不达的问题，这两个方面问题都会在一定程度上对人们参与体育锻炼的兴趣和积极性产生一定抑制作用。因此，这就要求在体育锻炼过程中，要以上述存在的问题为主要依据，通过有效地宣传和教育，对锻炼者的错误想法、认识和行为进行有效的更正，对他们要遵守客观规律，科学地进行体育锻炼起到积极的引导作用。

体育锻炼者健身运动内容、身体机能的发展和运动技能的学习与掌握都有其各自的发展规律、这些规律是客观存在的，是不容违反的。体育锻炼参与者的身体机能的改善、提高并不是一蹴而就的，是需要一定的时间去逐渐实现的。在不同的阶段，人们的身体机能的发展速度与程度是有所差异的。通常情况下，青少年阶段、中年阶段、老年阶段的身体机能状况是存在着非常大的差异性的。而且需要强调的是，不同年龄阶段的身体机能的改善、提高、维持都是有规律可循的，不能随意改变。鉴于此，就要求在体育锻炼过程中以人体机能发展的规律为主要依据，对运动项目和运动负荷进行科学合理的安排，使锻炼者在锻炼时能进行适宜的身体运动，并通过这些科学适宜的健身运动，使各自的身体机能状况都得到逐步改善，从而达到提高身心健康的目的。

体育健身锻炼对锻炼者运动技能的要求相对较低，但是，也应该掌握一定的正确运动技能，因为这样对于提高锻炼者的锻炼效果，调动他们持续参加锻炼的积极性，增强他们的体质都是较为有利的。除此外，对于不必要的损伤、锻炼过程中因运动技能错误而导致的伤害事故的发生都是有一定帮助的，进而能够使锻炼者的身体健康得到有利保证。另外，需要强调的是，对于体育健身锻炼的正确方法和技术的掌握，伴随着学习、掌握和巩固提高阶段的深入，要求体育锻炼者必须在练习时间和练习次数方面保证充足，并且能够不断地进行反复的体会和练习，从而掌握和形成正确的技术动作，达到强化技术动作的目的。而锻炼者掌握正确的运动技术，不仅对于他们在锻炼中享受运动所带来的乐趣，培养运动的兴趣，增加锻炼的自信心产生有利的影响，而且还能够使体育健身锻炼的效果得到有效的提高，对于体育锻炼良好习惯的培养有着积极的帮助。

三、区别对待原则

（一）对社会体育活动参与者的统一性和差异性进行正确处理

参与社会体育活动的锻炼者在年龄、性别、身体状况、运动基础、职业特点、兴趣、爱好及锻炼目的、锻炼环境等很多方面都存在着较大的差别，因此，这就要求以体育锻炼参与者的个体差异为主要依据，对锻炼的内容、手段和方法进行科学合理的选择，对运动负荷进行科学安排，做到因人而异、区别对待，使人们的体育健身锻炼更具有针对性和实效性。需要强调的是，处于不同年龄、性别、时代的人们，他们在其生长发育过程中，其身心发展的特点和规律都具有明显的阶段性和基本相同性。但是同时也需要注意的是，在开展社会体育活动中，在同年龄、性别的参与者中，参与者在个体的各个方面上也有着较大的差异性，即便是在个体的各个方面上都大致相近的人们，伴随着体育健身活动过程的发展变化，每个人的机体对所受的运动负荷的适应能力也会出现不同程度的差别。由此可以看出是没有一个可以通用的身体锻炼方案的，而是需要以锻炼者的不同情况为主要依据，慎重地科学制定与体育锻炼参与者相适应的锻炼方案，针对他们身心发展的共同特点和规律，并与他们的个体差异和不同需求有机结合起来，加以区别对待，从中找到适合不同参与者个体的体育健身内容、运动负荷以及方法与手段，真正做到"一把钥匙开一把锁""对症下药"，要将社会体育活动参与者的统一性和差异性的关系处理好，从而达到使人们体育健身锻炼的科学性和健身效果得到有效提高的目的。

（二）保证社会体育活动内来的多样性与方法、手段的多变性

在社会发展和体育全球化的推动下，文化交流与融合的范围越来越广，这在健身方面也有所体现，世界各国各种不同健身方法之间的相互借鉴、吸收、发扬和创新，已经形成了一个内容极为丰富的健身活动体系，不仅有现代体育项目，而且还有传统的民族体育项目、民间体育项目，同时也包括了一些经过改革、创新、创编的体育健身项目，种类繁多，应有尽有。社会体育活动的参与者，可以以自身的兴趣、爱好为主要依据，各尽所能，各得其所，在丰富多彩的体育活动项目中有针对性和目的性地自由选择与自己相适应的体育健身项目。

社会体育活动有着丰富多样的内容，使参加体育锻炼者的不同体育需求得到了较大程度的满足，同时，也给不同年龄、性别、身体条件、职业特点的人们提供了切实可行的活动项目，使得参加体育活动的锻炼者能够以个人的实际情况和自身的特长为主要依据，有针对性地加以选择适宜自己的健身内容、方法与手段。体育健身锻炼参与者的个体状况是有一定差异性的，再加上他们所从事的职业特点、居住地理环境也不相同，因此，他们参加体育健身的目的也就有很多差别。需要强调的是，体育锻炼是一个持续的过程，而锻炼者的身体机能水平也处于不断变化的状态，鉴于此，就要求锻炼者根据身体机能和心理上的变化为依据，不断对健身锻炼的方法与手段进行调整和改变，推陈出新给参与者以体育健身新颖的刺激，从而使体育锻炼过程中简单机械重复运动的单调和枯燥得到有效避免，提高锻炼者参与体育锻炼的兴趣和积极性，确保体育健身的科学性、经济性和实效性。

四、身体全面发展原则

（一）对社会体育活动的内家和方法与手段进行科学合理的选择

在体育锻炼过程中，锻炼者的年龄、性别、爱好、身体状况、职业特点、锻炼基础等方面都有着或多或少的差别，即便是在同年龄阶段的锻炼者之间也存在着巨大的个体差异。鉴于此，就要求在体育锻炼过程中以每个锻炼者的身心特点和实际情况为主要依据，对于他们各自身心状况和实际能力相适应的锻炼内容、方法和手段进行科学合理的选择，从而使锻炼者在锻炼时能展示其长处，乐在其中，达到愉悦身心、增强体质的目的。体育锻炼的项目、内容要丰富多样，应有尽有，适合不同的锻炼人群，能够使不同层次的锻炼群体的需要得到满足。但是，需要注意的是，不同的体育锻炼项目、内容，对参与者身体机能的影响和作用是不同的；同时，不同的体育锻炼方法与手段对人体产生的影响和作用也是有所差别的，因此，这就要求人们在体育锻炼的过程中，应该对身体各部位、各器官机能、各种身体素质以及心理进行全面了解，并以此为依据，选择与这些方面相适应并且能够有效改善这些方面的锻炼项目、内容、方法和手段，要做到统

筹安排，全面照顾，全面搭配，将其互补作用充分发挥出来，从而使其全面锻炼身体，满足人体全面健康发展的需要，对全面提高参与者身体机能起到积极的促进作用。

（二）使参与者的身体机能与身体素质得到全面均衡的发展

尽管参与者身体锻炼的目的和要求有一定的差别，但是，他们都有着相同的基本目标，那就是身体的全面发展。只有身体的全面发展，参与者才有可能拥有健美匀称的体态和身体全面协调的美。作为在大脑皮层统一调节下的有机整体，人体的各部位、各器官系统都是相互联系、相互影响和相互制约的。身体某一方面的发展或衰退，都会对其他方面的发展变化产生一定影响。各种体育锻炼手段与方法也会在一定程度上影响参与者的机体，由此可以看出，其都有其一定的局限性。如果只单纯地发展某一局部的生理机能和某种身体素质，不仅不会显著提高生理机能，而且对身体素质的提高也会产生一定的抑制作用，容易导致身体发展失去平衡，甚至造成身体的畸形发展，从而对参与者整体的全面健康发展，以及锻炼的效果和作用产生非常不利的影响。鉴于此，就要求锻炼者要选择多样的活动内容，做到统筹兼顾，合理搭配，全面照顾，从而使活动的全面性得到有力的保证。同时，也要对科学地选择对身体各方面都有全面影响的锻炼方法与手段，进行不同的组合搭配引起足够的重视，从而将其各自的作用充分发挥出来，以使它们在锻炼中能全方位地发挥其锻炼效能得到保证，对锻炼的全面性起到积极的促进作用，使锻炼者的身体机能和身体素质都能得到全面均衡的发展和提高，以达到身体全面发展的终极目标。

五、适宜运动负荷与合理休息原则

（一）负荷量与负荷强度的合理配置

人们在身体锻炼中所承受的生理负荷，就是所谓的运动负荷。运动负荷是由两个方面构成的，一个是人们在健身活动中完成练习（或动作）的数量、次数、组数、时间、距离和重量等的负荷量；一个是人们在健身活动中机体用力完成练习的动作速度、练习的密度、练习的间歇时间、负重的重量、投掷的距离、跳的远度和高度等的负荷强度。负荷量和负荷强度有着非常密切的关系，两者是相辅相成、互相促进、共同发展的，又是对立统一的，同时，两者也是相互转化的。

负荷量和负荷强度在很大程度上决定着运动负荷的效果。这里需要强调的是，在身体锻炼中科学合理地安排运动负荷，使运动负荷既能满足人们强身健体的需要，又符合他们的身心发展规律和实际承受能力，以取得理想的锻炼效果，这就是所谓的适宜运动负荷。不管是什么形式的锻炼活动，都必须使机体承受一定的生理负荷，产生一定的内外刺激，才能够引起机体的相应反应，从而达到增强体质的目的。因此可以说，运动负荷的安排是否科学合理将对参与者的锻炼效果产生直接影响。通常情况下，如果运动负荷过小，对机体的刺激反应有限，往往就不会达到强身健体的作用；但是，如果运动负荷过大，超出机体所能承受的生理负荷（允许极限），不仅不会达到增强体质的效果，反而会对身体健康造成不利的影响。而只有适宜的运动负荷，才会使机体得到适度的刺激，产生理想的锻炼效果。因此，这就要求一定要以体育参与者的不同年龄、性别、身心特点、实际状况和锻炼目标为主要依据，对负荷的量和强度进行科学合理的安排。需要注意的是，运动负荷的大小并不是绝对的，而是相对的，是根据体育健身参与者的实际情况而不断发生变化的。

由此可以看出，只有科学合理地安排运动负荷，进行持续性的锻炼，才能收到增强体质的效果。另外，需要强调的是，要通过表面数据和内部数据相结合的形式来对负荷的量和强度进行监控。同时，根据实际情况进行适当的调整，为理想健身效果奠定良好的基础。

（二）运动负荷与休息的合理配置

要想在体育锻炼过程中保证机体的健康和机能的不断提高，就必须对运动负荷进行科学合理的安排，使人体机体承受适宜的运动负荷，从而引起机体的适度反应，也只有这样，才能够取得理想的锻炼效果。相较于竞技体育的运动负荷来说，健身体育的运动负荷是相对较低的。但是不管是什么样的体育锻炼形式，都必须遵循运动生理学的超量恢复原理。对体育锻炼参与者机能能力的提高产生影响的因素有很多，其中，起到决定性作用的主要有两个方面：一个是锻炼时机体所承受的负荷的量和强度的大小，另一个则是合理的休息和恢复。由于体育锻炼参与者自身的身心特点和实际状况之间也有着较大的差异性，同样的运动负荷每个人对此的反应也是存在着一定的不同的。不同项目、不同性质、不同负荷的练习，参与者需要的休息和恢复的时间也各不相同。通常情况下，对于同样的负荷来说，身体素质好的参与者的恢复速度要快于身体素质差的参与者；而不同性质的练习，其恢复的时间也是有差异的。一般来说，力量和耐力练习休息的时间要长于速度和灵敏性练习休息的时间。通常，可以将休息的方式大致分为两种：一种是积极性休息；一种是消极性休息，在锻炼中往往会将两种休息方式结合起来，并且以积极性休息为主。需要强调的是，休息的时间要适宜，不能太长也不能太短，因为如果休息的时间过长或过短都会对实际锻炼效果产生一定的影响。因此，要将运动负荷与休息的时间有机结合起来，并根据锻炼者的实际情况，对两者进行合理的配置，以达到最佳的锻炼效果。

第三节　社会体育组织活动指导方法的选择

一、讲解法

讲解法是指教员或指导者运用通俗易懂的语言向参与者说明锻炼的任务、动作名称，解析其作用、要领以及要求，以指导参与者学习掌握锻炼的知识、技术、技能和进行练习的方法。可以说，这种方法是社会体育活动中最常用、最主要的方法之一。讲解法有着较为显著的特点，具体来说，主要表现为：能及时准确地将正确的相关信息传递和反馈给众多参与者，并且使他们形成正确的锻炼认知，对参与者正确锻炼技能的形成起到积极的促进作用，对他们进行锻炼的积极性进行充分的激发和调动，制造良好的锻炼氛围，使指导者与参与者之间的关系更加融洽，从而达到使锻炼效果更好的目的。

在社会体育活动中，向锻炼者传授知识、与他们沟通交流情感体验的主要方式，就是讲解。讲解是在整个健身活动之中贯彻并渗透的，而讲解水平的高低对锻炼者能否建立正确的技术概念、合理地掌握技术动作的要领、预防锻炼过程中错误动作的发生以及能否获得理想的锻炼效果起着重要作用。因此，这就要求指导者应该以锻炼者的身心特点、实际情况和他们从事的活动项目的具体特点和要求为主要依据，认真钻研教材，使自身的业务水平得到有效的提高，在对锻炼者的已有水平进行充分的了解的基础上深思熟虑，使讲解成为一种有目的、有组织、有特点的艺术语言的展示，进而使讲解达到简明扼要，通俗易懂，又生动形象、雅俗共赏的效果。另外，在讲解过程中，还要注意讲授的音量、速度要适度，注意音调的抑扬顿挫，并以姿势助说话，提高语言的感染力，力求使不同年龄、不同文化层次锻炼者对于讲解的内容都有一定的接受能力，让他们知其然，更知其所以然，更容易接受和理解，将锻炼者的锻炼的积极性和兴趣充分调动起来，从而达到理想的锻炼效果。

在社会体育活动中运用讲解法时，需要注意要以锻炼者的身心特点和需要为主要依据来进行有效的讲解，从而将讲解的功效充分发挥出来。具体来说，运用讲解法时有以下几个方面需要注意。

（1）讲解要具有较强的目的性和针对性。对于指导者来说，其讲解应该做到目的明确，有针对性。具体来说，讲解应以所授项目的内容、动作结构、动作要领、用力顺序及要求等为主要依据，通过与不同年龄、不同职业、不同文化层次锻炼者的特点和实际情况的有机结合，有目的、有针对性地对锻炼者在思想上、技术上和肢体上存在的问题和不足进行讲解，有侧重点地进行讲解；要对讲解的方式进行合理的选择，比如是集体讲解还是个别指导；除此之外，还要对讲解的形式、讲解的语气、讲解的速度进行相应要求，具体要根据每个人的实际情况，以锻炼者的需要为依据来调控讲解，做到快慢交替、弛缓、有节奏，使锻炼者的思维活动时刻保持良好的状态，从中获得学习的高效益，进而获得理想的健身锻炼效果。

（2）讲解要生动形象，要富有启发性。在体育锻炼过程中，指导者生动、形象而富有趣味性的语言不仅能够将锻炼者的学习积极性充分调动起来，使他们的注意力有效提高，而且还能够使课堂气氛更加活跃，对他们的情绪产生一定的调节作用，从而使锻炼者更加容易理解和接受。同时，指导者的讲解要对锻炼者起到一定的启发作用，从而促使其能够积极进行思考。另外，还要善于将锻炼者在生活中已有经验、认识或学过的技术动作，与所学技术动作有机联系起来，可以采用提问、对比的方式，对他们积极思考起到一定的启发作用，并能举一反三，触类旁通，使他们将听、看、想、练有机地结合起来，做到知其然更知其所以然，让他们对技术动作有更好地理解和掌握，从而使其健身锻炼的质量和效果也得到进一步的提高。

（3）把握好讲解的时机，并对正确的信息进行及时反馈。指导者要注意根据锻炼在体育活动过程中动作效果的好坏来用简短的语言有针对性地进行恰到好处的提示。具体来说，就是及时地给予锻炼者正确的信息反馈，对其运动中存在的问题和不足进行及时的纠正，以强化正确刺激，加深印象，达到事半功倍的效果。在锻炼过程中应以锻炼者存在的问题和涉及的人员范围为主要依据进行有针对性的讲解，属于普遍性的、涉及面较大的问题可以进行集体讲解，相反，则可以进行个别指导。通常情况下，讲解要做到简单讲解、抓住重点、突出关键。对于社会体育活动参与者的讲解指导应以表扬、鼓励、肯定成绩为主，这样不仅能够帮助他们树立自信，发掘其潜在的能力，而且对于他们各方面进步起到积极的促进作用。

（4）讲解的内容不仅要科学、合理，还要与锻炼者的接受能力相符。体育锻炼过程中，不同年龄、不同层次的锻炼者的接受能力是具有较大差异的，因此，这就要求指导者认真钻研业务，使自身的业务水平和能力得到进一步提高，结合不同的锻炼对象，有针对性地进行讲解，做到区别对待，讲解时不仅要注重科学性、合理性，而且还要将不同的讲解深度和广度体现出来，要突出重点、难点，全面而系统地进行讲解，从而达到使讲解与锻炼者的已有知识经验和体育基础相符，为锻炼者正确理解和有效地接受创造便利的条件，进而取得理想的讲解效果。

（5）讲解中要正确使用口诀、术语，同时做到简明扼要。体育锻炼主要是从事各种身体练习，通过有效的各种身体活动来达到健身的目的。因此，如果讲解时间过长，就一定会对锻炼者的活动节奏、活动的时间和练习的次数产生一定的影响。因此，这就要求讲解一定要做到简明扼要，精讲多练。另外，在锻炼过程中恰当、熟练地运用口诀和术语，对于锻炼者进一步理解所学技术动作同时加深记忆是非常有力的，还能够确保他们有充足的练习时间进行身体锻炼。可以说，口诀和术语是最集中、最概括、最精练、最易记的语言。通过口诀和术语在实际操作过程中科学合理的运用，往往能够取得非常理想的语言效果。

二、示范法

指导者以正确的具体动作为范例，使锻炼者从中清楚地了解所学动作的形象、动作结构、用力顺序、完成动作的要领和方法，同时也运用错误动作的演示来帮助他们解决动作中存在的问题和不足，改进技术动作，掌握正确的技术动作和进行练习的方法，就是所谓的示范法。除了讲解法，示范法在社会体育活动中也是最实用、最重要、最有效的指导方法之二。示范法也有着较为显著的特点，其主要表现为灵活简便、形象生动，一目了然，真实感强，针对性强，能够使锻炼者建立正确的动作表象，使其锻炼的兴趣和积极性得到有效提高。其展示的效果也较为明显，因此，往往在锻炼过程中的各个环节得到广泛运用。

对于参加体育锻炼的人来说，他们对任何一个新的动作的学习和掌握，往往都是通过对指导者的具体动作的模仿而实现的。由此可以看出，指导者的示范是否正确，对锻炼者对正确技术动作的掌握起着非常重要的指导性作用。对于全面提升锻炼者的技术动作，建立正确的动力定型，提高锻炼的效果来说，最关键的因素在于指导者的示范水平和示范能力的提高。因此，这就要求指导者要非常了解并熟悉所要传授的技术动作，并能对此进行熟练的动作示范。另外，还需要注意的是，示范也要与锻炼者的实际接受能力相符，在锻炼过程中要与不同的目的结合起来，有针对性地对示范的时机、形式、速度、方位以及要求等进行合理设计，力求及时、直观、准确、全面，给锻炼者树立一个完美的动作形象，从而将他们学习的积极性充分调动起来，将他们的学习兴趣有效激发出来，使他们对正确的技术动作能够熟练掌握，进而掌握合理的锻炼技能，提高锻炼的有效性，最终达到强身健体、愉悦身心的目的。

示范动作的好坏会对锻炼者技术动作的掌握，以及锻炼效果的好坏都产生直接的影响。因此，在社会体育活动中运用动作示范时，有以下几个方面需要注意。

（1）示范要有明确的目的，要突出示范的重点。指导者要根据明确的目的进行示范，每次示范都应对所要解决的问题进行明确，示范什么、如何示范应以锻炼者的实际情况为主要依据而确定，并与他们的练习需求结合起来，将重点内容突出出来，从而使练习者能集中注意力观察清楚所要观察的重点内容得到保证。同时，可以以不同的目的为主要依据，采用完整示范或分解示范，需要注意的是，示范的速度节奏可以用慢速、常速、快速等。

（2）要在正确的位置、方向和时机上进行示范。要以动作的需要为主要依据来选择示范的位置和方向，同时，还要与锻炼者有目的、有重点的更好观察和有利于他们学习掌握等情况相适应。首先，示范的距离要合适，远近适宜，以每个锻炼者能够看清楚为原则，以项目的动作特点、动作结构、用力顺序和锻炼者学习的需要为主要依据，选择适当的示范方式，比如正面示范、侧面示范、背面示范以及在队伍的前面或中间等进行示范。另外，需要注意的是，有些示范需要对干扰因素、安全因素进行充分考虑，从而使锻炼者能够处于较为有利于学习的合理位置。指导者要根据练习者对动作技术的掌握情况，进行适当的提示和指点，从而使他们对所学习的知识能够进一步熟练掌握并加深印象，提高锻炼的效果。

（3）要正确、熟练、优美、合理地进行示范。指导者的示范动作是要给锻炼者一个完美的技术动作形象，建立起一个正确的技术概念，激发起他们参与的兴趣，产生跃跃欲试的心理冲动，因此，应该做到力求准确、熟练、轻快和优美。另外，还需要注意的是，指导者的示范动作一定要与锻炼者的实际情况相符合，具体来说，就是要达到他们可以接受的水平，从而使脱离和超出锻炼者实际能力的示范而导致他们产生高不可攀、望尘莫及、灰心丧气的思想，进而丧失参加锻炼的信心的现象得到有效避免。

（4）示范与讲解要有机结合。作为体育锻炼中两个最基本、最重要的指导方法，讲解与示范都有着重要的作用。将讲解与示范有机结合起来，对于将锻炼者的视觉器官和听觉器官、直观与抽象紧密地结合起来，扩大直观的效果都是较为有利的。示范与讲解两者有着非常密切的关系，它们应该是相互联系、相互补充、相辅相成的。具体来说，示范能够对讲解的不足进行相应的补充，进一步加深讲解的直观；而同时，讲解也能够对示范不易表示的内容进行相应的补充，如肌肉感觉等。需要注意的是，示范与讲解在锻炼的不同阶段，两者的侧重点会有所不同，具体要以锻炼者的实际情况和需求为依据而定。将讲解与示范有机结合起来，往往会形成先讲解后示范、先示范后讲解、边讲解边示范等几种形式，运用哪种结合形式，为了保证良好的讲解与示范的实际效果，都要视锻炼的需要和指导的需要而定。

三、完整教学法

完整教学法是一种重要的社会体育组织活动的方法，其不仅是指导者传授技术动作的方法，同时也是锻炼者进行学习和掌握技术动作的练习方法。这种指导方法有着较为显著的优点，其主要表现为：能够使技术动作的完整性、连贯性和节奏得到保证，不会对技术动作的结构及其各环节之间的内在联系产生破坏作用，对于锻炼者建立完整的技术动作概念、完整地掌握动作都是较为有利的。同时，这一方法也存在着一定的缺点，主要表现为：对于技术动作复杂、难度大项目的学习，不易掌握其中复杂环节的技术动作。因此，这就要求指导者在锻炼过程中，应对所要传授项目的特点、动作结构、用力顺序等具体情况进行认真的研究，对项目进行深入的分析，掌握项目的运动特点和规律，通过与锻炼者的实际情况和特点的有机结合，有目的、有针对性地设计出适宜的传授技术动作的步骤，使完整教学法的实施能够与锻炼者的实际接受水平相符，以便锻炼者能够较好地学习和掌握技术动作，提高锻炼的效果，获得理想的锻炼效果。

从完整教学法的优缺点中可以看出，这种方法并不是对任何项目的教授都适用的，通常情况下，这种方法适用于技术较为简单的项目。因此，在体育锻炼过程中运用完整教学法时应该对以下两个方面引起重视。第一，使练习难度有所降低，将重点环节突出出来。在身体锻炼活动中，通过降低完成动作的速度、幅度以及练习的运动负荷，能够让锻炼者对动作的用力顺序、基本结构和动作节奏有一个基本的掌握，在此过程中应对重点环节提出恰当要求，使他们对该技术动作的主要环节是什么有所明确。需要注意的是，不要在一开始就对锻炼者提出过高的要求。通常情况下，技术动作较简单、对协调性和身体素质要求较低的活动内容越适合完整教学法的运用。第二，要有侧重地对技术动作进行教授。健身锻炼中用完整教学法向锻炼者教授技术动作时，要以完整的练习形式进行的锻炼中，并且要注意教授的侧重点要有所不同。

把完整的技术动作合理地分解为几个部分，使技术动作简化，并逐步依次进行教授，然后将掌握的分解部分衔接、连贯起来，掌握完整技术动作的方法，就是所谓的分解教学法。这种教学法既有一定的优点。同时也存在着缺点和不足。具体来说，其优点主要表现在：能够将复杂的技术动作简单化、降低难度，使锻炼者易于接受，这对于技术动作的困难环节的掌握是较为有力的，同时，还能够加快对技术动作的掌握，使锻炼者的运动信心得到进一步的提高。其缺点和不足则主要表现为：容易使技术动作割裂，对技术动作的完整结构和技术动作的合理衔接产生一定的破坏作用，对正确技术动作的形成产生不利的影响。鉴于此，就要求指导者在实施分解教学法之前，就应该全面深入地了解和认识所教项目的特点、技术结构等，对该项目应该如何划分才合理，哪些环节是不可以分解的，分解后各技术环节的教授顺序，各技术环节练习的时间分配，重点在哪，以及各技术环节应该如何进行有效衔接等有熟练掌握。同时，指导者也应该对锻炼者的身心特点和具体情况有充分的了解，并以此为依据，通过教学方法的灵活运用来使他们锻炼的积极性得到有效的提高，进而增强锻炼的效果。

从分解教学法的优缺点中可以看出，这种教学法主要在技术动作复杂并且可以进行分解的运动项目中得到广泛的应用，在体育锻炼过程中运用分解教学法时，有以下几个方面需要注意。

（1）要正确划分技术动作，对其前因后果及衔接关系进行充分考虑。要以所授项目的结构特点、用力顺序为主要依据来划分技术动作。准确合理地进行分割，要对各部分之间的内在有机联系进行充分考虑，以不破坏技术动作的结构特点和不影响技术动作的节奏及衔接为前提。同时速将锻炼者的实际接受能力作为考虑的重要方面。

（2）分解练习的时间要恰当，及时过渡到完整练习。锻炼者完整地掌握技术动作，是分解练习的主要目的。因此，这就要求分解练习的时间要适当，且不宜过长，应以锻炼者技术动作掌握的具体情况为主要依据，适当地与完整教学法结合起来，尽快进行技术的完整教学，从而使分解的时间过长造成各技术环节之间的脱节，形成分解的动力定型，从而破坏技术动作的完整性、连贯性和节奏，对完整技术动作的掌握造成影响的情况得到有效避免。

（3）要将分解教学法与完整教学法结合起来进行使用，注意侧重点。在体育锻炼过程中，分解教学法与完整教学法并不是对立的，而是有着密切联系的，应该紧密地配合运用。实际上，在体育锻炼的教授中应该以项目特点、锻炼者的具体情况、锻炼学习的时间等因素为主要依据，对完整教学法和分解教学法进行合理的运用，做到你中有我，我中有你。具体来说，就是分解之中有完整，而完整之中少不了分解，形成完整—分解—完整的过程，两者可以互为补充，相得益彰，从而对锻炼者尽快掌握所学的技术动作起到积极的促进作用。

五、预防与纠正错误法

指导者为了防止和纠正锻炼者在进行体育锻炼时出现的错误动作所采用的方法，就是所谓的预防与纠正错误法。对于锻炼者来说，在学习和掌握所学技术动作的过程中，由于受各种因素的影响，各种各样的动作错误都有可能出现。这时候就要求对这些错误进行及时纠正，从而使错误动力定型的形成得到有效避免。对错误进行纠正的关键在于针对锻炼者出现的不同错误动作，有针对性地选择和运用不同的预防与纠正错误方法。要做到预防和纠正的有效，要求指导者做到两点要求：首先，是防患于未然；其次，是对症下药。具体来说，防患于未然主要在防，就是在错误出现之前就对锻炼者传授预防错误的主动意识，并且能够以通过与项目特点、动作结构、用力顺序和锻炼者的实际具体情况的有机结合，预见到锻炼者进行练习时可能会出现的动作错误。以这些情况和特点为主要依据，将可能发生的动作错误找出来，积极主动地采取有效的预防手段和措施，尽可能地防止错误动作的产生，降低纠正的概率。对症下药，则主要是针对已经出现的错误，通过分析错误以及出现错误的原因，有针对性地进行纠正，为掌握正确的技术动作，提高健身锻炼的效果打好基础。可以说，预防与纠正错误动作的方法是有机联系的，对某一个动作的预防措施很可能是对另一个动作的纠正手段，而对前一个错误动作环节的纠正可能对后一个环节的正确形成产生良好的结果，因此，这就要求一定要根据实际情况和需要，灵活运动预防与纠正错误法，以达到最佳的教学效果。

另外，需要强调的是，在体育锻炼过程中运用预防与纠正错误法，为了保证理想的锻炼效果，需要注意以下几个方面的事项。

（1）要使指导者的业务水平和教授能力有所提高。锻炼者对正确技术动作掌握的好坏，在很大程度上取决于指导者的业务水平和教授能力的高低。因此，这就要求指导者要认真钻研所授内容，深刻理解掌握正确的技术动作，从而使自身的业务水平和教授能力得到不断的提高。同时，还要求其能以项目和锻炼者的具体实际为依据，认真备课，精心科学合理地设计锻炼的方法与手段，使锻炼者从中能较快地掌握正确的技术动作，增强活动的信心，增强体质，有效提高体育锻炼的效果。

（2）因人而异，区别对待，导之有法。锻炼者之间对技术动作的掌握是有一定差别的，有快慢、优劣之分。这就要求指导员首先要对这些情况有一定的了解，然后根据锻炼者的特点和实际情况，有针对性地选择相应的解决方法和手段，以达到最佳的教学效果。

（3）纠正错误要分清主次，有的放矢。在参加体育活动过程中，锻炼者往往会出现各种工作错误；但是，这些错误是有主次之分的，因此，这就要求指导者对错误的主次进行区分，然后以此为依据有所侧重地进行纠正，做到对症下药，先纠正主要的错误动作，再有序地解决其他次要错误动作，做到有的放矢。

（4）善于综合运用各种指导方法，相互协调配合。体育锻炼过程中，要想达到理想的纠正错误的目的，就必须选择正确的方法。由于各种指导方法的使用范围都有其一定的局限性，因此，只有对各种方法进行深入的了解，并有针对性和目的性地搭配起来进行运用，才能够将它们的作用充分发挥出来，取得最佳的预防与纠正效果。

第四节　社会体育组织发展的路径研究

随着我国改革开放的进行，我国的综合国力和经济水平，以及人们的生活水平都有了明显的提升，在这样的背景下，我国人民群众对体育的需求更加多元化，对体育的价值认识也从为国争光开始向休闲健身、娱乐等观念转变，这必然要求我国政府部门应有所作为，不断加快服务型政府的建设，不断增强社会活力，推动体育的社会化改革。

需要注意的是，政府的能力毕竟是有限的，还需要结合社会体育组织的力量来促进体育的社会化发展。在西方体育发达国家，政府向社会组织购买公共服务的措施有效解决了政府能力有限的问题，以及人民群众的公共服务需求问题，同时还使社会组织的活力得到了增强，这值得我国政府部门加以借鉴和采纳。

在现代社会背景下，由于我国社会体育组织起步较晚，发育不健全，这使得政府向社会体育组织购买体育公共服务还存在诸多问题，社会体育组织的不健全业已成为阻碍我国社会体育发展的重要因素。利用政府向社会体育组织购买体育公共服务的手段促进社会体育发展，应注意以下两点。

一、利用政府向社会体育组织购买体育公共服务的手段

(一) 改善政府体育部门与社会体育组织的关系

在现代社会背景下，创新社会公共管理体制，整合社会资源，提高社会管理水平，形成政府负责公众参与的社会管理格局，是我国的改革目标。在这一目标下，政府与社会之间旧有的管理与被管理的关系被打破，逐渐成为协同的新型关系，这符合我国正向市民社会转变的现实。在市民社会里，人民大众的参与意识越来越强，人们有更多的渠道表达自己的诉求。在现代体育公共服务供给机制改革中，应充分利用好社会和市场力量实现体育公共服务的科学供给。目前来看，政府购买体育公共服务模式是一条切实可行的道路。其主要原因有以下两点。

第一，社会体育组织通过这一模式与政府合作，使其成为政府体育公共服务职能的执行者，而不被排除在体育公共服务体制之外。

第二，社会体育组织在这一模式的支持下，有了稳定的政策和资源实现社会体育公益目标。政府可以完全退出体育公共服务的生产领域而恢复其服务、监管等职能，通过与社会体育组织合作，全面了解居民的真实体育需求，有效应对体育公共服务需求增加而组织能力不足的困境，发挥政府与社会的合力，提高体育公共服务供给效率与行政效能。

(二) 为社会体育组织的发展提供重要的动力

大量的实践和事实证明，社会组织在整合社会资源、挖掘和聚集专业人才、满足居民需求等方面都发挥着巨大的作用。由于我国社会体育组织的权力非常有限，资源比较缺乏，整个组织系统无法良好运转，有的几乎处于半瘫痪状态，大部分未能充分发挥为社会服务的功效。发展到现在，政府购买体育公共服务的模式使政府与社会体育组织成为买卖契约关系，这为社会体育组织的发展排除了阻碍，提供了必要的动力，可以使社会体育组织在体育公共服务供给中的优势得到充分发挥。这不仅实现了为社会服务的宗旨，还解决了运转经费不足以及人才缺失等问题，激发了社会体育组织为社会提供体育公共服务的积极性，从而保证了体育公共服务的质量。由此可见，政府购买体育公共服务是一种良好的手段和模式，它能为社会体育组织的可持续发展提供动力，值得在我国大力推广。

二、社会体育组织发展的根本路径

(一) 创设政府向社会体育组织购买体育公共服务的环境

要创设政府向社会体育组织购买体育公共服务的环境，需要做到以下几点。

1. 加快服务型政府建设步伐

在政府部门促进社会体育组织发展的过程中，政府部门要改变对社会体育组织的认识和看法，要认清社会体育组织不仅仅是被管理的对象，也不是政府的附属品，要明确社会体育组织在体育公共服务中的地位和作用，制定发展规划，大力支持和引导社会体育组织的发展。在将来的发展中，政府与社会体育组织要建立一种平等合作的关系，明确各自的权利和义务，合理划分各自的界限，在社会治理日益多元化的趋势下，社会组织承担社会事务，而政府恢复其应有的规划、调控、监管、评估等职能。只有这样，政府部门与社会体育组织之间的职责才能明确，这不仅有利于服务型政府的建设，同时还有利于社会体育组织的可持续发展。

2. 高度重视政府购买体育公共服务相关法律政策环境的建设

规范统一相关制度，使社会组织在承接体育公共服务项目时有法可依，有章可循。良好的法律政策环境无疑是推动政府与社会体育组织可持续合作的保证，更是社会体育组织发展的重要条件。

3. 社会体育组织自身要定位准确

不断提高服务质量，取得政府和民众的信任，充分利用贴近民众的优势，发挥民众与政府之间的纽带作用，主动创设有利于自身发展的环境。

（二）创新社会体育组织管理模式

一般来说，保持独立是政府向社会体育组织购买体育公共服务的前提和重要条件，而目前我国的具体情况是社会体育组织的分级登记、双重管理等管理体制显然不符合这一要求，应加强体制改革，使社会体育组织的双重管理现状得以改变，由"双重管理"变为"单向管理"，即以前的业务主管部门不再直接对社会体育组织进行监督和管理，只是起到业务指导的作用。

在目前我国社会体育组织发展情况下，成立社会体育组织服务部门，统一实行对社会体育组织的备案、登记和监管是很有必要的。这能从根本上改变社会体育组织对政府的依附关系，放宽社会体育组织成立的限制条件，并简化登记注册手续。政府对社会体育组织的活动内容要起到一定的引导作用，而不要过多的干预，让社会体育组织真正实现自治。除此之外，不断创新社会体育组织的管理模式，完善协调运转、责权清晰、有效制衡的法人实体健全评估考核机制，政府对社会体育组织承担的体育公共服务项目要实时监控，及时了解社会体育组织提供服务的效果并反馈，还可以建立由专家、学者及民众组成的第三方评估机构，对社会体育组织进行评估，提高对社会体育组织的管理效率，这样能保证社会体育组织的有效运转，从而提高体育服务的质量，更好地为大众参与体育运动服务。

（三）社会体育组织应不断完善自己，提高体育服务质量

社会体育组织能否较好地承担政府购买的体育公共服务项目，其内功（提供体育公共服务的能力和素质）是关键。这一方面决定了社会体育组织能否在政府购买体育公共服务的竞标中获胜，一方面决定了其提供的体育公共服务质量能否得到评估小组和民众的认可，进而影响到该社会体育组织承接下一期项目。

社会体育组织要想完善自己，不断提高体育服务的质量，应注意以下几个方面。

第一，要大力挖掘和培养一大批拥有过硬的专业素质和良好人文素质的体育公共服务专业人才。人是社会组织的根本，人才对社会体育组织的发展起着至关重要的作用。在社会体育组织完善自己的过程中，要不断创新组织文化吸引人才、留住人才，并且还要时常关注人才队伍的结构问题。

第二，加强现有员工的在职培训，加快其知识与技术更新，通过培训考核、资格认证等方式不断提高他们的体育公共业务能力，并在承担政府购买的某一项体育公共服务之前做好相关的培训工作。

第三，社会体育组织要加强自律，完善自我管理"自我约束"的内部机制，在财务、项目管理等方面更加规范和科学，提高自我监督和相互监督能力，坚持以诚信为本组织的宗旨。

第四，充分运用政府购买体育公共服务的资金，并利用组织资源合法经营，增加服务内容，以增加收入，同时多渠道筹措资金，保障社会体育组织的良性发展。

（四）合理调整社会体育组织网点布局，制定合理的发展规划

社会体育组织的网点布局是非常重要的，如果网点布局不均不但制约了社会体育组织自身的发展，也成为政府向社会体育组织购买体育公共服务的障碍。政府应制定科学、合理的社会体育组织发展规划，在全面了解现有社会体育组织的基础上，合理调整网点布局，统筹发展。

调整社会体育组织网点布局时需要注意以下几个方面。

第一，对于社会体育组织的地区加强政策引导和资金支持，加大对该地区社会体育组织的培育。

第二，对日渐萎缩及运转出现困难的社会体育组织采用重组的方法加以恢复。

第三，对同类体育公共服务供给重复和过剩的社会体育组织进行项目的调整，逐步使社会体育组织在地区之间实现平衡，项目种类、数量等方面科学与合理。

第四，应及时了解本地区民众体育公共服务需求，加强与政府部门之间的沟通和交流，实现信息对称，依据自身的实力制定发展目标和规划，不断扩大体育公共服务的内容和对象，以满足社会大众的体育需要。

第七章　社会体育管理体系的构建与发展

随着市场化经济的发展和新时期我国发展体育事业的需求，实施社会体育的科学化管理，对体育市场实行标准化的规范管理，促进我国社会体育健康有序发展就成为当前社会体育发展的重要课题。社会体育管理的内容和方法有很多，本章主要对此进行重点分析和阐述。

第一节　社会体育管理的内容

在社会主义发展过程中，体育是一项促进人类身心健康发展的伟大事业，它的所有发展都离不开人类的活动，而有人的活动就必然会建立起一定的管理机制。因此，在体育事业发展过程中，必然会产生体育管理活动。社会体育的管理主要包括社会人员、财务、物质、信息以及相关社会问题的管理。

一、社会体育人员的管理

社会体育的参与者、社会体育指导员和社会体育管理者都属于社会体育人员。对社会体育人员进行管理，即对这些人员的管理，包括接受上级管理者的指挥并执行上级下达的命令的各种人。管理者和被管理者都是相对的，如教练员相对于运动员而言是管理者，但相对于机构领导而言就是被管理者。在体育管理过程中，其核心任务就是处理好体育活动中个体之间的关系，调动起所用人员的工作积极性，提高每一位工作人员的责任感。

（一）对社会体育参与者的管理

1. 社会体育参与者的类型

社会体育参与者的年龄、职业不同，参加的体育活动项目及其强度也不同，不同参与群体之间存在着较大差异。具体来说，社会体育参与者的类型及其特点如表7-1所示。

表 7-1　社会体育参与者的基本类型及特点

社会体育参与者的类型	社会体育参与者的特点
俱乐部或体育社团的参加者	这种类型的锻炼者一般属于体育人口，有着较稳定的体育锻炼行为，比较自觉地参加锻炼活动，参与者之间、参与者与俱乐部或社团之间有着比较密切的联系
体育培训班的参加者	指参加一定时间的体育技能训练者，一般对某一个体育项目有兴趣，在培训结束后会继续参与体育锻炼。也有部分培训者在达到的目的后放弃体育锻炼
业余自由参与者	这种类型的参与者不像前两种锻炼者那样有较固定的组织者，形式比较松散，流动性较大

2. 对参与者管理的原则

（1）人本性原则

在具体管理实践中，人本性原则要求管理者要以人为本，尊重被管理者的权利与尊严，让他们自己管理自己的食物，使被管理者自立、自强、自尊、自信，并保护体育设施和爱护体育环境卫生。

（2）灵活性原则

社会体育的参与者来自不同的社会阶层，彼此之间在年龄、性别、文化程度、运动水平、身体素质等方面存在较大差异，因此，应采用灵活的方法对其进行管理。

（二）对社会体育指导员的管理

1. 对社会体育指导员的培训

进行社会体育指导员培训，其目的是通过培养足够数量和质量的社会体育指导员，为发展群众体育事业提供保证，从而实现对群众体育进行管理的总目标。通常来说，初级社会体育指导员需要接受不少于 150 标准教学时数的培训；中级社会体育指导员需要接受不少于 120 标准教学时数的培训；高级社会体育指导员需要接受不少于 90 标准教学时数的培划；而社会体育指导师需要接受不少于 60 标准教学时数的培训。

一般来说对社会体育指导员的培训主要包括以下内容。

（1）体能培育

体能是社会体育指导员的必备基础，以球类运动为例，身体与身体的直接对抗是球类运动的重要特点，如果社会体育指导员自身没有良好的体能，那么就不可能对社会体育参与者做出正确的指导，因此，对社会体育指导员体能的培育是社会体育指导员培育的重要内容。

（2）技战术培育

对体育社会体育指导员技战术的培育是实现和完成体育人力资源培育的重要组成部

分，是提高体育人力资源竞争力的根本途径。如果社会体育指导员没有扎实的体育技战术水平，就不可能在体育领域走得长远。

（3）价值观培育

体育价值观的培育可以影响社会体育指导员的一生，目前，社会体育指导员价值观的培育主要包括以下几个方面的内容，即相关体育组织历史、体育组织或体育项目的功勋教练员和运动员、著名体育赛事记录以及各项技术统计记录等。

（4）文化水平培育

对社会体育指导员的培育是十分重要的，通过文化水平的培育，不仅可以提高社会体育指导员自身的文化素质，有助于提高社会体育指导员的风格与气质，还有利于提高社会体育指导员的整体形象。

2. 社会体育指导员的考核认定

国家社会体育指导员职业技能鉴定指导中心和社会体育指导员职业技能鉴定所（站）共同组成了社会体育指导员职业技能鉴定的组织系统。定期鉴定制度是社会体育指导员职业技能鉴定所采用的形式，它是由社会体育指导员职业技能鉴定指导中心负责，并进行统一命题，考试形式为理论考试和实践考核两种，两种形式均采用百分制，均达到60 分以上的视为合格。

按照《社会体育指导员等级制度》的标准，社会体育指导员的资格认定要严格把关，不徇私舞弊，做到"宁缺毋滥"。

（三）对社会体育管理者的管理

社会体育管理者是指本身具有良好的管理素质，精通或掌握管理科学和领导艺术，并能在体育领域的管理活动中起到良好组织、协调、决策作用的一部分人，他们是重要的社会体育人力资源。

现阶段，对社会体育管理者的管理应遵循以下几项基本原则。

1. 系统原则

系统原则是应通盘考虑，力求从全局和整体的角度着眼，把整个社会体育管理者这一人力资源的管理看成是一个整体，需要进行宏观性的统一管理，以追求整体取得最好的效果。要求从整体出发，统观全局，对社会体育管理者的结构进行把握，对其能级进行分析，并且对其变化进行跟踪，与此同时，不断地对其进行调节、反馈，控制好方向，从而达到实现管理目标的目的。

2. 目标原则

人才管理必须有明确的目标，在对社会体育管理者的管理中，不仅要对组织目标的实现有一定的重视，而且还要注重个人的发展，总的来说，其注重的是组织目标与个人目标的全面发展与实现。

3. 择优原则

择优原则是指社会体育管理者的选拔和任用都要有利于人才的成长、发展；有利于选拔、使用优秀人才；有利于充分发挥优秀人才的作用。择优就是要正确地选择、运用、发挥每个人力资源的长处。每个人在才能上存在个体差异，而进行的人力资源管理就要善于在同类人才资源中进行比较和识别，最终选拔出最适合的社会体育管理者。

4. 能级原则

以社会体育管理者的才能为主要依据对其工作进行安排，明确其责任，授予其职权。具体来说，就是以社会体育管理者的职称、学位等为主要依据，将其安排到合适的岗位上，能够尽可能地规范化和标准化各个社会体育管理者的能级水平，从而实现人尽其才。

5. 信任爱护原则

信任爱护原则是指在社会体育管理者的成长、使用和发展过程中，需要根据情况采取切实有效的措施，最大化地减弱或去除各种消极因素对社会体育管理者心理或生存环境的影响，以此保证社会体育管理者的心理积极因素不断增长，以及为社会体育管理者的发挥和发展创造良好的心理环境与社会环境。

若想保证社会体育管理者的心理积极因素不断增长，就要让社会体育管理者感受到真切的信任和爱护。这是一门管理艺术，需要为社会体育管理者创造一种宽松的政治环境和学术环境，对社会体育管理者宽容、为善，关心其工作和生活条件，激励其充分发挥自己的聪明才智，为体育事业的发展做出贡献。

二、社会体育财务的管理

社会体育财务主要就是指体育活动的资金。在组织任何体育活动时，都需要有一定的资金作为保障。在体育活动中，财务管理是一项复杂而又重要的工作。管理人员要将生财是根本、聚财是保证、用财是关键作为工作的基本理念。

（一）社会体育经费的来源

当前，我国社会体育经费的来源主要有以下几种。

1. 国家财政拨款

现阶段，国家投入是我向社会体育经费的主要来源，近年呈不断增长的趋势。具体来说，国家对社会体育的财政拨款主要包括以下内容。

（1）由中央和地方政府进行预算，并进行直接或间接的拨款。

（2）由中央和地方财政所提供的固定资产基建借款。

（3）通过财政信贷的形式，由国家向社会体育部门发放周转资金。

（4）通过减税让利、涵养财源方式，国家向社会体育经营单位让渡的资金。

（5）由中央向地方自治区以及"老、边、山、穷"地区提供的特殊性补贴中的社会体育经费。

2. 社会赞助

（1）社会性的有偿赞助。通过对社会体育进行赞助，同时要求购买相关产品或进行广告宣传等。

（2）社会无偿赞助。个人、集体对社会体育提供的不附加任何条件的资助。

3. 社会集资

社会集资是指通过发行彩票、联营、招股、引进民间资金或外资等方式来汇集社会闲散游资。例如，我国目前所发行的体育彩票就是一种"取之于民、用之于民"的社会资金筹措渠道。

4. 群众体育产业开发

群众体育产业开发是社会体育产业创收的重要形式，主要通过开发与体育有（或无）直接关系的生产经营活动来赢利和获取收入。

（二）社会体育经费的使用

1. 经费预算

（1）收入预算。指在一年中体育部门通过各种形式和途径所可能获得的各项收入的计划，包括中央和地方政府的补助、事业收入、经营收入、社会赞助、附属单位上缴收入和其他收入。

（2）支出预算。根据本年度的各项工作计划，体育部门所制定的经费花销的预算，主要包括经营支出、事业支出、自筹基建支出和附属单位补助支出及其他支出等。

2. 社会体育资金的分配

在我国社会体育资金有限的情况下，在对其进行分配时，必须要遵循以下几个原则。

（1）资金分配要有主有次，优先满足重点项目的需要。

（2）资金分配必须同社会体育结构相适应，并能使社会体育结构合理化。

（3）资金分配要量力而行，留有余地。

3. 社会体育经费的使用

社会体育经费的使用应根据实际情况，科学合理地制订开支计划，经上级主管部门审查后再执行。经费的使用要做到专款专用，并详细记录。

三、社会体育物质的管理

社会体育物质主要指体育物资。例如，体育场地、器材、能源以及和体育活动相关的一部分自然资源等。进行体育物力资源管理目的在于提高体育物资的使用率，延长使用寿命，充分发挥其效用。以体育场馆的管理为例，分析如下。

（一）体育场馆的管理对象

体育场馆的管理对象主要包括以下两种，即内部管理对象；另一种是外部经营对象。

1.内部管理对象

（1）人力资源。主要包括组织机构、认识管理等相关部门。

（2）财务管理。主要包括营业收入、费用开支、票据管理、材料物资管理等。

（3）设施设备管理。主要包括体育场馆设施设备的概述和管理方法等。即供电、给排水、空调、电梯等常规设备及专门配置的管理。

（4）安全管理。主要包括治安、消防、生产、卫生安全管理的有关内容和方法。

（5）物业管理。主要包括综合体育馆、游泳馆、足球场及相应配套的训练场馆及相应配套的商业网点，如酒店、超市、餐饮等。

2.外部经营对象

（1）大型活动场地租赁经营。包括承接大型活动的项目设置，大型活动场地租赁价格的制订与推广、租赁合同、保障流程，以及体育赛事、文艺演出、会展的场地服务与保障。

（2）商业物业经营。包括业态分布规划、物业租金价格的制订、招商推广、租赁合同等。

（3）无形资产经营。包括场馆广告、场馆冠名权开发等。

（4）群众体育活动开展。包括项目设置、价格制订、会员卡设置、培训等。

（5）其他。包括超市与体育用品商店、餐饮、停车场、场馆器材租赁、体育场馆活动项目投资、管理输出服务等。

（二）体育场馆的建设管理

体育场馆设施建设应满足两个方面的要求，一方面，要确定社会体育场所的数量来合理设计体育场地设施的数量。另一方面，要根据当地群众的体育爱好来配置体育场馆设施的类型、年龄结构、职业结构等。

（三）体育产管的经营管理

1.体育场馆经营管理的任务

（1）满足社会大众的健身需求。体育场馆作为健身市场的重要载体，其提供的产品质量与服务将直接影响健身娱乐市场的水平、质量、品牌等，因此，满足大众的健身需求是体育场馆经营与管理的重要任务之一。

（2）满足人们参加体育活动的需要。当今社会，人们的闲暇越来越多，人们除了参加传统的体育锻炼活动外，还在不断寻求并积极参加能够寓身体健康于欢乐的活动。因此，体育场馆经营与管理必须满足人们体育锻炼方面的需求。

（3）满足人们的卫生需求。现代化体育场馆客流量大，设备使用频繁，很容易产生卫生问题，体育场馆的环境卫生及设备的清洁卫生工作非常重要，要为人们提供优雅、洁净的体育环境，满足群众的卫生需求。

（4）满足人们的安全需求。体育场馆必须做好设施设备的安全保养工作，满足人们安全的需求，为他们提供一个既安全而又舒适的体育休闲环境。

2. 体育场馆经营管理的方法

为体育消费者提供各种体育服务是体育场馆的主要作用，要想达到理想的经营收益，就必然需要科学的管理方法。体育场馆管理的方法主要有以下几种。

（1）现代企业化管理

体育场馆建立起现代企业制度，以一个独立的或相对独立的经营实体或法人单位参与到体育市场的活动中来是体育市场化的必然结果。现代企业制度产权关系明晰，按照市场需求来组织生产经营活动，依法自主经营、自负盈亏，对投资者承担资产保值增值的责任。公共体育场馆是国有资产，为了充分群众体育发展的需要以及自身生存和发展的需要，必须进行市场化经营。

（2）公益性与经营性相结合

有很多场馆都属于公共体育场馆，主要用于开展社会体育活动、满足广大群众进行体育锻炼或观赏体育比赛的需求，同时还用于运动员的训练和参加竞赛活动。因而在这些场馆在经营过程中要始终坚持公益性，尽力为竞技运动和群众体育的发展服务。但应该认识到，在市场化经济环境下，公共体育场馆必须得自给自足，这就需要有一定的市场经营特点。因此，体育场馆在经营时，既要满足群众的体育需求，义要把公益性和经营性有机结合起来。

当然，不同的体育场馆有不同的特点，也有不同的消费人群，即使同一个体育场馆在不同的阶段、季节、区域也存在很大的区别，因此，体育场馆的经营活动和过程不能搞一刀切，不能顽固地用一种经营形式经营到底，也不能盲目学习其他体育场馆的经营方式，根据场馆自身的特点灵活经营。

（四）体育场馆的维护管理

为了提高体育场馆的场地、设施、设备等的使用寿命，并提高群众体育健身的服务质量，必须坚持对体育场馆设施进行定期的保养和维修。具体来说，应做好以下工作。

（1）要合理地对场地社会进行分类，并对其进行详细记录，要做到数量与账务一致，并保证质量、技术效用和机能标准不发生改变。

（2）采用责任制，明确具体的责任分工，时刻进行安全警示，并对出现的问题进行严肃处理。

（3）提高防范意识，以预防为主，定期对场馆设施进行检查与保养，做好检查监督工作。

（4）一旦有体育场馆设施出现损坏，要及时进行修理。

四、社会体育信息的管理

社会体育信息主要是指体育工作中所需要的信息。例如，各种体育运动消息、情报、指令和资料等。快速地获得体育信息可以促进体育事业的发展，也是体育管理工作的重要内容。

（一）社会体育信息的传播

社会体育信息的传播主要是通过报刊、广播、电视和互联网四种途径，在社会体育发展过程中，体育信息传播经过了口耳传播、文字传播、印刷传播、电子传播四个阶段。目前这几种传播手段在社会体育信息传播中同时存在。

（二）社会体育信息的存储

1.信息的储存过程

信息的存储过程实际上就是建立信息库的过程。信息库就是常说的数据库。一般来说，信息库主要有两种形式，即人工信息库和机器信息库。机器信息库的存储量更大，检索也更方便。

体育信息库的建立可以为体育实践活动提供活动依据。体育信息数据库的建立，需要经历两个阶段，即概念设计和物理设计。前者是从企业角度形成数据库的抽象模型，后者是描述数据库在直接存取的存储设备中的安排情况。体育信息库的建立者必须有专业知识，有专人负责。

2.国家群众体育信息系统的创建

关于创建群众体育信息系统的想法最初是由倪同云在1997年提出的。倪同云认为建立"群众体育信息中心"应包括"国际大众体育信息数据库"和"中国群众体育管理数据库"。由于体育信息库的信息呈现的是一系列静态的数据，因此，还要充分利用互联网的优势建立我国群众体育性质的网站，以供人们随时查阅信息。目前，中国大众体育网已经建立并开通。

（三）社会体育信息的维护

对社会体育信息进行维护，其目的是保证社会体育信息的及时性和准确性。详细地说，主要是对体育信息库中的数据进行增加、删除、修改、存储等的调整。在对社会体育信息进行维护的实际操作过程中，应注意以下几个问题。

（1）需要对信息库的数据进行复制的，一定要保证备份信息与信息库信息的一致性。

（2）要防止信息的丢失和泄密，保证其安全性。一般来说，可以通过物理限制、利用操作系统功能限制、基于数据库管理系统功能限制等方法来实现对社会体育信息进行安全管理。例如，通过加密、设置口令、检查用户权限等方式来对数据进行安全管理。要对具体的保护对象采取适合的保护措施，尽量满足保护要求。

（四）社会体育信息人才的培养

就目前来说，我国在群众体育信息人才方面存在着严重不足，其人才主要集中在体育科研院所，在很多基层几乎没有专门的社会体育信息管理人才，特别是能够对数据库的编档和管理进行熟练操作的人才。

通常可采用短期培训、离岗进修、请专家指导等方式来培养一批懂外语、懂管理的各级群众体育管理人才。

五、社会体育相关问题的处理

社会体育问题是指发生在体育领域中的一种超常状态，这种超常状态会对体育系统甚至社会正常运行产生影响，使一部分人认识到它的危险性，从而对其进行改善。这些社会问题的解决需要依靠和借助社会和群众的力量。

（一）社会体育中的主要问题

1. 社会体育受重视程度不够

长期以来，我国体育的"举国体制"被津津称道，社会体育的发展指导思想为"体育为政治服务"，当前我国社会体育正在处于转型时期，"体育为经济服务"的思想被放大，影响了一些体育管理者的决策。

目前，竞技体育、学校体育和社会体育发展处于失衡状态，其原因在于各级体育主管部门非常重视竞技体育中的金牌效益，而对其进行大量的资金和精力投入，并形成了一线、二线、三线梯队，这就使得学校体育和社会体育发展相对落后，其中社会体育更是严重萎缩，处于自生自灭的状态。

2. 社会体育人口少，体质差

体育人口对提高民族的身体素质和精神状态有着非常重要的作用，它反映出了一个国家的人民对体育的参与程度和认可程度。但和发达国家相比，我国的体育人口相对较少，运动不足。通过近几年的国民体质调查研究发现，我国国民的体质正处于逐年下降的趋势，尤其是青少年儿童的体质问题堪忧，肥胖和超重现象越来越普遍，青少年儿童的超重、肥胖及身体素质的下降已经成为目前影响青少年儿童健康成长的主要问题。

3. 社会体育指导员数量少

随着我国《社会体育指导员技术等级制度》的推出，我国的社会体育指导员总数正在呈不断上升趋势，但和我国庞大的人口总数相比，我国的社会体育指导员人数比例偏低，据不完全统计，我国每 6500 人才拥有一个指导员，这和体育发达国家的每 2000 人就有一个社会体育指导员的差距还十分遥远。

4. 社会体育经费投入少

体育经费是开展群众性体育活动的必要条件。目前，我国社会体育经费的来源主要有国家拨款、场馆经营性收入和社会捐助三种形式，这三种形式在体育经费中所占的比例能够反映出一个国家、地区对社会体育的重视程度和社会体育发展状况。

目前，社会体育产业在我国尚处于起步阶段，而社会体育经费主要是依靠国家财政拨款，自身经营性收入低，并且社会各方面对捐助社会体育并没有太大热情。其主要原因有以下两个：首先，长期以来，我国社会各阶层都习惯于"福利"体育，这种无作为意识在社会体育的社会融资方面具有重要的影响作用；其次，当前我国社会体育的社会关注度较小，和竞技体育与学校体育相比仍然有较大的差距，因此社会赞助和捐助几乎没有。

（二）社会体育中的社会问题的解决

1. 宣扬健康的体育生活方式

宣扬健康的体育生活方式是当前我国群众体育管理部门应重点做好的工作之一，现阶段，群众体育管理部门主要是通过宣传、教育、组织比赛、举办体育活动等形式和方法来鼓励社会群众积极参与体育活动，并拒绝不良的生活方式。

2. 我国体育法制的全面建设

进一步推动我国社会体育的法制建设是发展社会体育的重要任务之一，目前，我国社会正在不断地走向法制化，在这样的社会背景下，为了进一步促进社会体育的健康发展，应该在坚决执行《中华人民共和国体育法》《中国成年人体质测定标准》《国家体育锻炼标准》《社会体育指导员国家职业标准》《全民健身计划纲要》的基础上，根据社会群众在体育生活中的实际需要，来对相关的社会体育法律法规进行制定和完善。

3. 大力发展体育事业与产业

在市场经济不断发展的今天，从经济角度来分析，社会体育资源的不足和社会体育资源的分配不公从而导致了我国许多的社会体育问题。要想从根本上解决这一系列问题，就必须发展和壮大社会体育。

具体来说，要想从根本上提升社会体育的生命力，就必须通过体育社会化和发展体育产业的办法来挖掘社会体育资源，把我国的体育产业做大、做强，以满足社会群众对体育日益增长的需求，从而对社会群众的社会需要和社会体育资源不足之间的矛盾进行缓解。

4. 进一步完善社会体育体制

体育与社会系统中各组成要素之间具有非常密切的关系，因此，不难发现，体育社会问题除了与体育内部的原因有关外，还与当前社会的政治、经济、文化等方面有着一定的联系，因此，将解决体育社会问题与社会政治体制的改革、经济体制改革、社会的法制化建设等联系起来，从根本上完善社会体育体制建设，促进体育与社会的和谐发展。

5. 不断加强体育舆论的监督

体育舆论是在体育爱好者之间发起的，经过交流而形成的比较一致的对体育问题的看法。它有很强的渗透性和很大的影响力。

在社会信息传播过程中，体育舆论发挥着重要作用，在体育信息飞速传播、媒体高度发达的今天，各级的体育管理部门应高度重视体育舆论对体育的社会影响。对于社会体育管理部门来讲，良好的体育舆论既是支持者，又是监督者，体育管理部门应充分利用好舆论这把"利剑"，一旦群众出现不当的体育行为或社会体育资源的浪费，应及时采取措施。

第二节　社会体育管理的方法

采用科学合理的管理方法是实现社会体育管理目标的重要途径。合适的管理方法和手段能保证社会体育管理工作科学进行。当前，社会体育管理的方法主要有行政方法、法律方法、经济方法和宣传教育法。

一、行政方法

社会体育管理的行政方法主要是指运用行政组织的职能与手段，对具体体育管理组织进行的逐级管理。它主要的管理方法是通过行政管理系统，采用命令、指示、规定、指令性计划和职责条例等行政手段，来对其不同子系统进行调节与控制。

（一）行政方法的作用

行政管理方法具有较为清晰的上下级管理关系，通常会表现出由上级发布命令，下级服从上级命令的工作形式。而这些就要求管理者在使用行政管理方法时，要以各部门的实际情况和管理活动的规律为依据，来制订命令、指令或指令性计划等。同时，还要求上级管理者除了要有责有权外，还必须具有较好的领导素质，即有较高的理论政策水平和较强的组织管理能力。否则，就会使整个体育资源管理的质量降低，对管理的功效产生直接影响，造成预期的管理目标难以实现。

（二）行政方法的特征

在社会体育管理中，行政方法的运用具有以下几个方面特征。

1. 强制性

行政方法是通过各种行政指令来对管理对象进行指挥和控制的，而这些指令都是上级管理组织或个人行使权利的主要标志，下级必须认真贯彻执行。因此，行政方法必然具有鲜明的强制性特征。

应该强调的是，此强制性并非是官僚主义的强迫命令，它必须建立在符合人民要求，且在思想上和行动上服从统一意志的前提下，具有原则上的高度统一。

2. 权威性

权威性是行政管理方法运用过程中的一个重要特点，这主要是因为所采用的行政管理方法是否有效，上级所发出指令的接受率和各级关系的沟通，都取决于管理组织所采用方法的权威性。

在社会体育管理中，不断完善和健全体育的各级管理机构，强化职、资、权、利的有机统一，努力提高各级管理组织和管理者的权威性，是行政方法得以有效运用的基本条件。

3，稳定性

行政管理系统具有严密的组织结构、统一的目标、统一的行动、强有力的调节和控制，对外部因素的干扰具有较强的抵抗作用，因此具有稳定性。但应该认识到，法律方法管理的这种稳定性是相对而言的。

4. 纵向性

行政管理的纵向性是指行政命令的传达执行通常是通过垂直纵向逐层进行的。在整个管理系统中，下级只服从顶头上司，下一层次只听上一层次的指挥，对横向传来的命令、规定等，基本上可以不予考虑。因此，对行政方法的运用，上级指挥和控制下级，一般强调纵向的自上而下，反对通过横向传达命令。需要指出的是，在实际的体育管理过程中，一些横向传达指令的情况也会出现，因此经常会发生多指挥现象，其中矛盾也会频繁出现，从而导致指挥或控制无效。为此，不同管理者之间应多进行有效沟通。

5. 针对性

行政方法具有针对性，它的使用并非是一成不变的，它所实施的具体方式、方法都会随着对象、目的和时间的变化而发生改变。而这些也从侧面体现出了行政管理方法的针对性，它往往只针对某一特定时间和对象才会产生一定的作用。因此，在运用行政方法进行管理活动时，既不能把它看成是唯一的方法，也不能不顾对象、目的和时间的不同而滥用。

（三）社会体育管理的行政要求

1. 集中领导，分级管理

集中领导，分级管理是由行政方法的基本特征所决定的，行政方法的运用需要在严密的组织机构内，处理好管理幅度和管理层次的关系。具体来说应做到以下两个方面：

一方面，要有适当的管理层次与管理幅度，要对所要管理的事情掌握住决策权，非自身管理范围的事情应安排相应的人来负责；另一方面，行政命令只是针对自己所属的下级进行传递，要求下级做好分内之事，并对领导直接负责，要做到大权在握、小权分散。

2. 权责一致

首先，为保证管理的有效性，行政管理要求每一个管理者都明确自己的目标，享受应有的权利，并努力提高自身的管理水平和管理素质。

其次，管理者要树立良好的服务意识，并明确自身的职责，如行政要以服务为目的，避免官僚主义、以权谋私、玩忽职守等行为的发生。

3. 充分调动被管理者的积极性

在运用行政方法进行管理时，如果是以强制和权威为基础，容易造成忽视被管理者利益的情况。在具体管理过程中，管理者要突出目标导向，要努力对管理者和被管理者的目标进行协调，并使两者尽量保持一致，从而更好地调动被管理者的积极性和创造性。对于无视被管理者的权益和积极性的行为要坚决反对。

4. 建立灵敏、有效的信息系统

在社会体育管理中，管理者运用行政方法，信息的获取要及时，并根据所获取的信息果断做出决定，同时要对上级的指示和下级的意见做到及时、迅速的传达和反馈。行政方法中的命令、指示、规定和指令性计划等，必须要在大量的调查研究和周密的可行性分析的基础上，反映人们的愿望和要求，满足他们的实际需要，这就必然需要有一个快速、灵敏的信息系统。此外，行政命令要遵循客观规律的要亲，符合被管理者的实际情况和根本利益，并根据社会体育发展的客观规律来进行科学管理。

5. 和其他管理方法结合使用

利用行政方法对社会体育实施管理，管理效能的高低，主要由被管理者是否承认命令的权威和执行命令的认知结构和认知因素决定，因此，行政方法必须与法律方法、经济方法来结合运用。要尽量多采用其他的管理方法、尽量少用或不用行政方法，从而最大限度地弥补与克服行政方法的不足和局限性，促进社会体育管理效率的提高。

二、法律方法

在社会体育管理中，运用法律、法令、条例、决议和章程等各种形式的法规来进行管理的方法就是法律方法。

（一）法律方法的作用

1. 维护体育管理秩序

现阶段，提高社会体育管理功效，实现管理目标是社会体育管理的主要目的，而人、财、物、信息等与合理流通是管理功效提高的关键。而把这种合理流通用法律形式规定下来，并通过法律调节其中的关系，从而建立起正常的社会体育管理秩序，使整个社会体育管理系统按照法律规范正常有效地运转，便形成了一个良性循环的运行机制。

2. 调节体育管理关系

体育管理中各种利益关系的调节必须按照一定规范进行，法律就是这一规范的依据。法律法规是有效调节社会体育管理中各种利益关系的重要依据，由于法律法规具有特殊的制约作用，因此，在不同行政管理系统、不同管理层次关系等方面，合理运用法律法规来进行规范和调节，可以有效地管理和消除那种互不买账、互相推诿的不良现象。在规定和调节不同行政管理系统、不同管理层次关系等方面，法律方法更具有特殊的制约作用，正确运用法律方法能使社会体育管理过程中的各种管理关系得到积极、合法的发展，使整个社会体育管理系统按照法律规范正常有效运转。

3. 促进社会体育发展

就我国社会体育事业的发展来看，必须要有一定的法规作保证。如运动员的选拔与培养、运动员退役与安置、运动场馆设施的设计、体育场馆的管理和使用等方面，都离不开法律的保护。而对于妨碍体育发展的因素来说，如对管理中责、权、利不清，信息不通，人、财、物浪费等应进行必要的法律制裁，以规范整个体育事业的有序发展。

（二）法律方法的特征

社会体育资源的法律方法具有强制性、规范性和稳定性等几大特征，具体如下。

1. 强制性

法律具有强制性特点，体育法规具有必须遵守且不可违抗的性质，具体表现在两个方面：一方面，对体育人口的行为给予强制性的约束；另一方面，对违反体育法规规定的人给予惩罚和法律制裁。参与社会体育过程中，体育人口通过体育法规知道哪些行为是可行的，哪些行为是被禁止的，如果违反必须承担一定的后果。

2. 规范性

作为法律的重要组成部分，体育法律法规的语言必须严谨、准确、具体，对法规所允许的和禁止的行为有明确、清晰地描述，并严格执行法律条文。

3. 稳定性

体育法规的适用对象是全体社会成员，法律面前人人平等，法律法规一经颁布就不能随便更改，具有一定的稳定性，不能朝令夕改。

（三）社会体育管理的法律法规

1.《中华人民共和国体育法》

《中华人民共和国体育法》（以下简称《体育法》）是我国体育的基本法，是我国发展体育事业、开展体育工作的基本纲领和总章程。《体育法》第二条规定："国家发展体育事业，开展群众性的体育活动，提高全民族身体素质。体育工作坚持以开展全民健身活动为基础，实行普及与提高相结合，促进各类体育协调发展。"

《体育法》共有8章56条，分为总则、社会体育、学校体育、竞技体育、体育社会团体、保障条件、法律责任和附则。它的颁布和实施充分肯定了社会体育在我国体育事业中的根本性和基础性地位。具体表现在以下几个方面。

（1）体现了国家重视和支持社会体育的发展。

（2）对国家、各级政府、社会及其有关部门组织的社会体育工作职责进行了明确，规定了社区、机关、企业、工会等团体所承担的体育工作职责，并鼓励体育社团发展。

（3）指出了社会体育中执行社会体育指导员等级制度。

（4）对于社会体育工作中的重点人群进行了明确。

（5）明确了社会体育活动中所应坚持和遵循的原则。

（6）进一步对保证体育资金进行了强调，并强调了对公共场地设施进行合理的规划建设、使用和保护以及培养社会体育专业人才。

（7）对于危害社会体育所应承担的法律责任进行了明确。

2.《全民健身计划纲要》

《全民健身计划纲要》于1995年6月20日由国务院颁布，它是适用于我国社会体育管理的法规性文件。《全民健身计划纲要》对当前以及今后相当长一段时期内的全民健身工作进行了纲领性的、全面性的规划与部署。为了能够保证全民健身计划得到有效实施，并达到预期的目标，制定并出台了《中国成年人体质测定标准》《社会体育指导员技术等级制度》、"全民健身一二一启动工程"等，同时成立了"国家全民健身领导小组"，努力提高全民健身计划实施的科学性，加大对社会体育经费的投入，并加大对全民健身研究的科研力度。

3，社会体育指导员相关制度

（1）《社会体育指导员技术等级制度》

《社会体育指导员技术等级制度》于1993年12月发布，于1994年6月开始实施。《社会体育指导员技术等级制度》共19条，对社会体育指导员的条件和素质、培训与考核、申请与审批、日常管理、管理机构以及《社会体育指导员技术等级制度》实施步骤和要求进行了具体说明。根据《社会体育指导员技术等级制度》规定，将社会体育指导员技术等级分为三级、二级、一级、国家级四个等级。这四个等级的批准授予单位分别为县（区）、地（市）、省（自治区、直辖市）体育行政部门和国家体育总局。

（2）《社会体育指导员职业资格证书制度》

《社会体育指导员职业资格证书制度》对我国日益增多的社会体育指导员的管理提出了规范化的制度要求，该制度将当前我国的社会体育指导员分为四个级别，即初级、中级、高级和指导师级。

根据《社会体育指导员职业资格证书制度》规定，社会体育指导员需要通过一定时数的培训，并经过考核合格后上报至相关部门进行审批，然后颁发相应的《社会体育指导员职业资格证书》，然后才能从事社会体育的指导性工作，这为我国社会体育市场的进一步规范起到了重要的作用。

4. 国民体质测定相关制度

随着我国社会体育的不断发展，我国先后出台了一系列关于国民体质监测的相关制度，具体如下。

（1）《中国成年人体质测定标准施行办法》。《中国成年人体质测定标准施行办法》是由原国家体委于 1996 年颁布的，自此，我国就正式开始了对国民体质的测定工作。目前，《中国成年人体质测定标准施行办法》的体质测定标准适用于 18—60 周岁的男性人群与 18—55 周岁的女性人群，测定工作由体育行政部门及有关部门、团体共同组织和施行。

（2）《国民体质监测工作规定》。2001 年，国家体育总局会同其他 10 个部委，联合颁布了《国民体质监测工作规定》。该法规适用对象为 3—69 周岁的中国公民。根据国家颁布的监测指标，以抽样调查的方式，每五年在全国范围内统一进行一次对监测对象的体质测试，目的在于系统掌握我国国民的体质状况。

5. 体育锻炼的相关标准

（1）《国家体育锻炼标准》。《国家体育锻炼标准》是由于 1975 年颁布并实施的。《国家体育锻炼标准》将儿童和青少年根据不同性别和年龄分组，每组有不同的锻炼项目和标准。在规定时限内达到标准者，统一颁发证章、证书。

（2）《学生体质健康标准（试行）》。为了使《国家体育锻炼标准》更好地适应新形势的发展需要，2004 年教育部和国家体育总局制定了《学生体质健康标准（试行）》并发布了具体的实施办法，其规定《学生体育健康标准》是《国家体育锻炼标准》在学校的具体实施，它是《国家体育锻炼标准》的重要组成部分。

（3）《普通人群体育锻炼标准》。为了使《国家体育锻炼标准》在其他人群中得到更好的实施，2003 年国家体育总局等颁布了《普通人群体育锻炼标准》及其实施办法，该标准按照性别、年龄分为 8 个组别，适用于 20—59 周岁生理和心理健康的人群。主要测定指标包括力量、速度、耐力、灵敏、柔韧五大类素质指标，男女各 23 个项目。

总之，一系列重要体育法律法规的颁布和实施对进一步完善我国社会体育法规制度体系发挥了重要的推动作用。

三、经济方法

在社会体育管理中，经济方法是以客观经济规律的要求为主要依据，运用经济手段，对各种不同经济主体利益之间的关系进行调节，以实现管理目标的方法。常用的经济手段可以分为宏观（价格、税收、信贷）和微观（工资、奖金、罚款、经济合同）两个方面。

（一）经济方法的作用方面

在社会体育管理实践中，采取必要的经济管理方法作用主要体现在如下。

（1）上级管理机构对下级机构和被管理者的指挥、控制等职能起到很好的强化作用，还可以增加下级组织和个人对上级管理部门所发出的指令和管理决策的接受率。

（2）可以起到一定的经济制约作用，可以为基层单位获得相应的经济自主权创造一定的条件。例如，实行费用定额管理、经费包干管理，不仅可以促进培养运动员的费用消耗和其他各种训练费用消耗等实际情况的分析和比较，而且还可以充分发挥下级管理部门的自主权，实现灵活管理。

（3）经济方法所采用的各项经济技术指标和效果，一般也都是公平的、有效的，具有明显的激励效能。因此，经济方法的运用能充分调动下级训练部门和被管理者的积极性。

（二）经济方法的特征

1. 有偿性

在社会体育管理过程中，经济方法运用得正确、科学、合理、适当，可以有效提高社会体育市场投资的经济效益，但应注意到管理活动中人、财、物的科学投入和统筹安排，必须注重多种方法的综合运用，强化思想教育，使管理者和被管理者做到团结一致。

2. 间接性

经济方法具有间接性，经济方法通过对人的价值取向和行为的引导、激励来实现调动个体的积极性，提高个体的工作效率。在社会体育管理中，经济方法主要是通过对各方面经济利益的调节来控制和干预集体与个人行为的。例如，在利用物质奖励等经济方法时，通常并不能直接干预被管理者的行为方式，而只是起到一定的推动作用。

3. 关联性

经济方法在社会体育管理中影响面宽、涉及的因素多，而且每一种经济手段的变化都会影响到体育系统内部多方面的连锁反应。例如，对不同层次体育指导员的奖励问题，体育场馆的承包机制等，不仅涉及社会体育资源，还涉及社会体育人员及活动的管理。

（三）社会体育的经济管理方法

1. 行政拨款

在我国社会体育管理中，国家的行政拨款是体育经费的重要来源。国家的行政拨款（特别是福利性拨款），应根据下属地区和单位开展工作的需要具体发放，在地区性差异中，尤其要考虑贫困地区和单位开展基本的体育健身活动的必要性需求。

2. 税收

税收是社会体育管理活动中重要的经济手段之一。《中华人民共和国体育法》第四十四条规定"县级以上各级人民政府体育行政部门对以健身、竞技体育活动为内容的经营活动，应当按照国家有关规定加强管理和监督"。

在我国，体育产业属于第三产业，因此，国家应采取灵活的税收政策，对社会体育经营活动的管理同样应考虑到不同地区之间的差异。

3. 价格

商品价值的货币表现，即价格。具体地说，在社会体育管理活动中，管理双方的经济利益和市场供求状况可以通过对体育商品或体育服务价格的调整来进行调控。目前，调整体育健身娱乐场所的服务价格要充分考虑以下因素，即国家政策、当地经济状况、健身者数量、健身者收入水平、竞争对手情况等。

4. 奖金

在社会体育管理中，对管理者或被管理者实行奖金的目的是根据多劳多得的原则，用适当的奖金来表达对被管理者行为的肯定和期望，调动被管理者的积极性。奖金可以采用多种形式，不能过多过滥，以防失去激励作用，也要防止片面追求奖励，要重视对被管理者的思想引导。

目前，我国还是比较缺乏必要的奖励，尤其是物质奖励机制不健全，被管理者在社会体育管理系统中完成任务的多少、好坏都是一样，社会体育工作者缺乏必要动力。

5. 罚款

作为社会体育经济管理的重要方法之一，合理的罚款能有效制止管理者不期望行为的发生。

我国当前存在着由于对群众体育活动组织不力而导致群众体育活动场所被侵占、群众体育活动资金被挪用等不良行为和现象，这对群众体育的开展产生了不良影响，需要采用罚款方式来对这些现象和行为进行经济上的惩罚。值得注意的是，要掌握好罚款手段的运用尺度，切忌手段的滥用或当罚不罚。

四、宣传教育方法

（一）宣传教育方法的作用

在社会体育管理过程中，运用宣传教育的方法可以有效促进管理工作的顺利进行。这种管理方法主要是由管理组织或个人采用宣传和教育等方式，使社会体育工作者围绕着共同目标来采取行动。宣传教育有着一定的依据，其客观依据就是社会体育工作者对思想活动的发展规律的正确认识。

在社会体育管理系统中，为了使管理目标得以实现，灌输、疏导和对比等教育工作方法的应用是非常有必要的，它能够使社会体育工作者的工作热情得以激发，是社会体育系统中各项工作进行的基本前提。另外，宣传教育手段对其他管理手段的综合运用起着宣传、解释的优化作用。

（二）宣传教育方法的特征

与其他管理方法相比较，宣传教育方法的特点主要表现在以下几个方面。

1. 先行性

宣传和教育是管理方法实施的重要前提，同时也是制定管理决策时必经的过程和环节。因此，宣传和教育是社会体育系统管理中一种基础性的管理方法，它是任何管理方法实行，管理决策制定都必须采用的一种方法。通过宣传教育，可以使被管理者充分认识和了解管理方法和决策，同时可以思考自己如何配合行动；在管理过程中实施各项决策之前，通过宣传和教育，还可事先预测人们可能产生的各种反应，制定相应的宣传教育措施予以预防，从而强化其正面效应，控制可能产生不良问题。

2. 疏导性

良好的宣传教育手段可以让个人产生自觉性和积极性。开展宣传教育，如果在面对管理中出现的思想问题时，对思想问题采取回避或捂堵的方式是不能奏效的，甚至会激化矛盾。只有因势利导，才能真正达到宣传教育的目的，才能使社会体育管理工作更加有序、顺利地开展。

在社会体育管理中，对社会体育人口开展宣传教育，必须"动之以情、晓之以理"，启发被管理者的自觉性。

3. 滞后性

人的认识和思想是对客观事物的反映，因此，思想工作的开展都是在当事情即将发生或已经发生时进行的。同样的道理，在社会体育管理工作中，许多事情都是在发生之后或有些苗头的时候，才能开展一些思想教育工作。滞后性特点对管理者有着一定的要求。管理者要从实际出发，科学地、正确地分析已经发生的问题，做到以理服人，这样才能使思想教育真正落到实处，从根本上激发被管理者的行为动机。

4. 灵活性

管理活动不是一成不变的，由于时期和管理对象的变化，而使得管理思想基础、性格类型、价值观念和需求等方面也会产生一些差异。因此，不同时期，针对不同的管理对象宣传教育方法就应有所区别。此外，人的思想基础、性格类型、价值观念和需求等方面也存在差异，这就要求在管理过程中，管理部门和管理者的宣传教育必须应因人而异，灵活确定宣传教育的内容和重点、形式和手段等，在保证针对性和适用性的基础上保持灵活性。

此外，表率性、真理性等也是宣传教育方法具有的特点。要对管理中的各种问题及时进行解决，必须在实践中正确地运用思想教育方法，把握思想教育的特点。

（三）社会体育管理的宣传教育

近年来，随着人民生活水平提高和体育意识的增强，越来越多的人开始关注体育健身。我国也充分利用各种媒介来宣传体育健身，并通过各种途径加强对社会体育工作者及社会体育指导员的教育。

以社会体育的信息宣传为例，我国致力于社会体育的报道，重点加大了宣传群众体育的力度，并对日常群众健身锻炼的方法进行了介绍。

五、社会体育的社团管理

（一）社会团体与体育社团

社会团体，即社会群体，它是人类社会赖以运行的基本结构。其含义义分为广义或狭义两种。广义的社会群体是指所有通过持续的社会互动或社会关系结合起来有着共同的行动，并有着共同利益的人类集合体；狭义上的社会群体是指由持续的直接交往而联系起来的有着共同利益的人群。

体育社团，顾名思义，就是专门从事体育活动的社团，卢元镇对体育社团的界定为：体育社团是"以体育运动为目的的活动内容的社会团体，具有民间性、非营利性和互益性"。

（二）社团在社会体育管理中的作用

1. 增加社会体育人口

目前，体育知识、技术和技能等方面的信息在我国体育社团中主要是在社团成员之间进行传播，从而使成员参与到体育活动之中。相关研究表明，在社会生活中体育社团发挥着交流、宣传、提供信息和体育服务的作用。

体育社团成员的社会覆盖面是十分广泛的，具体来说，体育社团的成员可以来自不同政治信仰、不同年龄阶段、不同收入水平阶层。因此，在体育社团的带领下，会有更多的社会大众参与到体育锻炼活动中来，这有利于我国体育人口的进一步增加。

2. 缓解社团体育经费不足的问题

当前，我国的群众体育经费主要靠国家拨款，但有限的拨款分配到庞大的社会体育人口和不同地区中去，人均体育经费很少，体育经费不足已经成为社会体育发展的一个瓶颈。

体育社团属于群众自愿参与的民间性组织，其活动经费主要来源于会员的会费、社会赞助、社会捐助等，具有吸纳社会资金的特点和功能，能够带动广大社会力量参与办体育，这在一定程度上对我国当前的社会体育经费短缺的矛盾进行有效缓解。未来一段时间内，随着我国体育社会得到不断的规范以及现有体育体制的不断深化改革，会员费和社会捐助将成为社会体育的主要经费来源。

3. 解决社会体育的场地设施紧张问题

体育社团与体育场馆设施联系密切，目前，我国的许多体育社团都有自己的体育场地和设施，这不仅在一定程度上满足了本社团会员的健身需求，同时对缓解社会大众的体育设施紧张问题具有重要作用。此外，由于体育社团兴建、保养和维护以及经营管理体育场馆有具体的负责方，有利于延长体育场管设施的使用时间，同时社团成员也会自觉爱护体育场馆设施。

4.有效促进新时期社会体育协调发展

一些体育发达国家的社会体育发展为我国社会体育管理提出了很好的借鉴，一般认为，社会体育的管理主要靠体育社团，因此有人认为："如果没有体育俱乐部，而是由政府机构代替它，那么就会出现下列情况：管理体育的人员将大大膨胀；体育将会陷入国家的控制之中；体育的社会功能将会遭到扼杀。"

重视群众性体育的发展是在近几年才刚刚开始的，总的来说，要想促进我国体育的整体发展，竞技体育和群众体育二者的共同发展和相互促进是十分必要的，二者是统一的。为此，我国同时制定了《奥运争光计划》和《全民健身：计划纲要》，这对我国体育事业的发展有重要的指导意义。

5.促进社会体育产业的发展

体育产业协会在体育产业的发展中有着重要的、不可替代的作用。近年来，我国社会体育发展较快，并且取得了一定的成效。

但也应该认识到，与国外迅速发展的体育产业相比，我国的体育产业管理体制相对落后，具体表现在，我国的体育社团建设、体育法制建设以及体育行政管理等比较落后。

未来一段时间，要想促进我国体育事业的全面发展，必须建立起一个完整的体育产业协会体系，依靠体育产业协会的管理实现社会体育的整个系统的有效管理。体育社团在这方面的成功管理实践就是一个很好的范例。

（三）对体育社团的管理

现阶段，对体育社团的科学管理主要集中在以下几个方面。

（1）政府应关心和帮助体育社团的发展，给予其一定的发展空间。

（2）政府不应过干涉多体育社团的发展，而只能采用宏观的手段，制定体育政策和监督政策（如制定政策、法规）进行引导，以规范体育社团的各项活动。

（3）对体育社团的管理，除了加强法制建设，还应健全监督体系，包括管理部门的监督、社会大众的监督、社团服务对象的监督等。

（4）加强现有的体育管理组织的人才培养。

第三节　社会体育管理体系的探讨与发展

一、社会体育管理观念

社会体育管理观念的正确和先进与否直接影响到整个社会体育管理体系的构建及发展，因此在社会体育不断发展的今天，一定要建立一个社会体育科学化管理的观念及理念，以保证社会体育管理工作的顺利开展。

（一）职能观念

在社会体育管理工作中，各种管理主体所承担的职责和所发挥的作用，即社会体育管理的职能，这也是它们所存在的形式和价值。而对社会体育进行管理的过程是一个宏观的、有序的过程，各部门要充分发挥自己的特点，协调好各项工作，以防出现管理职能错位、权责失衡等现象。

在现代社会体育管理工作中，政府应对转变社会体育管理的职能进行加强，要把重心放在以下几点。

（1）有限职能观。即在法定权限内，政府对所应管和能管的社会体育事务进行管理。这种管理职能对有序地管理社会体育起着非常重要的作用，主要集中在社会体育计划、指导、协调、评估、监督和服务方面。

（2）有序职能观。即对各管理职能间的联系进行加强和改善，从而使整个职能系统的"加合"效应得到更好地发挥。

（3）动态职能观。在现代社会中，每一种管理职能和整个管理职能系统的重心都要随着社会体育的不断发展而随之发生变化。在社会体育保持动态发展条件下，应在对指令性社会体育计划职能进行弱化的同时，还要对社会体育的指导和评估职能进行强化，从而促进社会体育管理的发展。

（二）法制观念

从20世纪80年代开始，我国社会体育的法制建设有了较为迅速的发展，如《中华人民共和国体育法》《全民健身计划纲要》《社会体育指导员技术等级制度》等的颁布，为我国社会体育改革提供了法律保障，从而保证了社会体育的有序、顺利发展。在现代社会发展的背景下，同样要继续对社会体育管理法制观念进一步提升，其原因可归为两点：（1）社会体育管理法制化和民主化趋势。（2）社会体育管理手段间的联系。在现代社会中，要通过法律手段来为社会体育的经济、行政等手段提供保障，现代社会体育的发展离不开法律的作用。

（三）效益观念

社会体育管理效益有着其自身独特的内涵和表现形式，树立正确的社会体育管理效益不仅符合时代发展的要求，同时也适应了社会体育发展的需要。目前，对社会体育资源的投入总量有限，在这种情况下，怎样更为充分、有效地利用社会体育资源，并做到"人尽其才、物尽其有、财尽其力"，主要是由管理的协调与监控作用所决定的。事实上，我国对社会体育的投入较少，并出现了严重浪费的现象。社会体育是一种培养人的社会活动，但由于其特殊性所导致的社会体育效益的长效性、潜在性和滞后性，使社会体育管理者容易对过程之外产生的效果缺乏关注，使社会体育无法发挥其所应有的作用，达不到预定的目标。因此，要保证顺利开展社会体育管理工作，就必须要坚持效益观念。

二、我国社会体育管理的特点分析

（一）我国社会体育管理的基本特点

1. 活动内容的适应性

社会体育有着非常多的内容，它不仅包含了一些简单的活动，而且也包含了一些动作复杂的内容；不仅包含经济体育运动项目，而且也包含了大众健身体育运动项目。值得注意的是，无论从事什么类型的体育运动，只要人们能够愉快地参与其中，能够得到快乐，什么样的运动形式都是不受限制的。在进行体育锻炼过程中，人们不一定要在正规的运动场所进行健身活动，其他所有可以利用的场所，如房前屋后、公园广场等都可以成为社会大众进行健身的场所。

2. 社会结合面的广延性

体育能够满足人们多层面的需要，它与社会的各个层面都存在着一定的联系，如政治、军事、经济、外交、美学等都与体育有着密切的联系。众所周知，体育活动能够提高劳动者的身体素质，而劳动者所提供的劳动力又是社会生产力中最积极、最活跃的因素。社会体育并不是独立发展起来的，它与社会的各个方面相互配合，从而不断地向前发展。

3. 参与对象的异质性

社会体育有着众多的参与者，并且这些参与者都来自社会的不同层面，有着不同的条件和处境，在生活环境、生活方式、经济条件、职业、年龄、体能等方面存在着较大的差异。但社会体育又具有多重的功能，它可以在健身、健美、消遣、娱乐、休闲、康复、社会交往等多方面来满足人们的不同需求。

4. 活动时间的业余性

小型多样是社会体育工作的方针之一，从而决定了必须分散组织实施社会体育活动。

因此，社会体育活动都是在工作之余分散组织实施的，具有组织实施分散性活动的特点。

（二）我国社会体育管理体制的特点

目前，我国社会体育管理体制具有三级制管理的特点，即政府管理、社会管理和基层组织管理。

1. 政府管理主导

从政府管理层面来看，我国的社会体育管理主要分为专职管理机构与非专职管理机构两种类型。专职社会体育管理机构是政府管理系统中的重要部分，国家体育总局群体司是其最高的行政职能部门，与其所对应的地方性各级社会体育管理机构在业务上要受到上级社会体育管理行政部门的指导，但人民政府主要领导人事和财务两个方面。非专职管理机构是指由国务院批准，并在一些系统或部门内部设立的专门负责管理本系统或者部门内部体育事务的体育管理机构，如国家民族事务委员会主要负责管理少数民族体育事务，教育部主要管理学校体育事务等。

2. 社会组织协助

社会管理也是我国社会体育管理体制的重要特征之一，负责协助政府部门管理社会体育事务的社会组织主要分为两类，即专门体育组织和其他社会组织。

（1）体育组织。我国现有的专门从事社会体育管理的体育组织主要包括各级体育总会、单项运动协会、行业体育协会和各种人群体育协会等。成立体育社会组织的目的是满足不同人参与体育活动的需要。

（2）其他社会组织。主要包括工会、共青团、妇联等部门内部设立的体育机构。这些机构能够形成一个完善的组织管理系统，保证大众体育活动的顺利开展。

3. 基层组织配合

公益性和经营性是基层体育组织的两种形式。公益性的社会体育基层组织是指大众体育的活动点，主要有具有相同体育兴趣或相同体育目的的人自愿组织起来的一种松散的体育组织，主要包括以下几种类型。

（1）青少年俱乐部。

（2）街道社区体育组织。

（3）体育运动站。

（4）城乡体育组织。

（5）基层单位体育协会。

而经营性的体育组织是指以营利为目的的健身性俱乐部等付费的健身场所。

三、我国社会体育管理体系的发展

（一）加强社会体育社团的管理

社会体育社团就是以体育运动为目的的活动内容的社会团体，它具有民间性、非营利性和互益性的特征。加强体育社团的管理对整个社会体育管理体系的发展具有重要的影响及意义。在社会体育发展的今天，可以采取以下几个举措来加强社会体育社团的管理。

1. 进一步放权，鼓励体育社团的发展

一般来说，体育社团属于体育民间组织，政府不应过多牵涉其中，而只能采用宏观手段进行引导。对体育社团放权，就要给予体育社团应有的权利和一定的发展空间，促进体育社团的规模和数量的增加。特别是社会体育活动的组织、发动、管理、产业开发等应鼓励体育社会团体的主导作用的发挥。

需要注意的是，放权并不意味着不管不问，任其自生自灭，还需要加强对其的科学化调控。一方面，要关心和帮助体育社团的发展；另一方面，不断提高管理的水平，加强对其的管理。国家相关部门也要制定相应的体育政策和监督政策，以更好地促进体育社团的发展。

2. 加强法制建设，规范体育社团管理

发展到现在，我国的体育社团部分已经实行了实体化，这部分体育社团在发展中遇到了一系列问题。一方面，这些实体组织主要依靠捐赠收入，理应接受捐赠者和社会公众的监督，并实行财务公开制度；另一方面，它们虽然不享受减免税的政策优惠，却可以凭借企业法人的身份拒绝监督和财务公开。而且，即使这些组织将其所得给成员分红，法律上也会因缺乏相应的规定而无法制裁。因此，在这种情况下，就需要采取法律措施，加强与其配套的法规建设，保证在体育管理中做到有法可依、有法必依，用法律手段加强对体育运动的管理。

另外，除了利用法制手段加强体育社团的管理外，还应建立和健全体育社团的监督体系。在这一方面，国外发达国家已经有了比较丰富的经验，建立了比较完善的体系。在国外，有来自管理部门的监督，有来自社会的监督，如舆论、捐赠者、服务对象等的监督，还有社团的行业自律机制等，我们应该结合自身的特点加以借鉴和采纳。

3. 加强人才培养

加强人才培养对社会体育社团的管理也是非常重要的。一方面，要让体育管理组织的领导者明确观念，并清楚体育发展与社会发展之间的关系；另一方面，要着重加强培养社团管理的人才，并利用现成的体育资源，来培养出专业的、素质较高的体育社团管理者。

总的来说，对体育社团进行管理是一个系统性的工作。它不仅要使体育社团自身的规范制度建设得到加强，而且还要与体育体制改革相结合。体育社团管理也不是体育部门一家的事情，需要社会各个部门通力合作，这样才能促进我国体育社团的健康发展。

（二）实现社会体育管理的标准化

1. 社会体育标准化管理

所谓标准化是指以制定和贯彻标准为主要内容的有组织的活动过程。社会体育标准化管理是在管理过程中通过制定一定的标准，并根据这个标准来对社会体育进行管理的活动过程。根据其性质，可将标准分为技术标准、服务标准、生产组织标准和经济管理标准。

2. 标准化管理的条件

社会体育标准化管理的实施必须满足三个基本条件：（1）社会体育需要适合进行标净化管理；（2）需要有一定的管理标准；（3）标准要得到正确、有力的贯彻执行。

根据《标准化法》的规定，体育场所服务的标准大致可分为两大类：一类是对危险性体育项目活动场所的服务质量，制定强制性的《体育场所开业条件与技术要求标准》；另一类是具有较小危险性的体育项目活动场所的服务质量，制定推荐性《体育场所等级划分及评定标准》。

在社会体育不断发展的背景下，实现社会体育管理的标准化具有重要意义，它可以对社会体育的发展产生深远的影响。

参考文献

[1] 张国华等主编. 社会体育活动方案设计与组织 [M]. 北京：北京师范大学出版社，2010.01.

[2] 陆小聪著. 现代体育社会学（第 2 版）[M]. 上海：上海大学出版社，2020.12.

[3] 李晓霞著. 当代社会体育赛事流程策划研究 [M]. 北京：中国农业大学出版社，2018.09.

[4] 周秀蓉著. 现代社会体育教育的思考与探索 [M]. 广州：广东旅游出版社，2018.07.

[5] 宫彩燕著. 全民健身工程下的社会体育发展机制研究 [M]. 中国原子能出版社，2018.06.

[6] 王金壮，王发昌主编. 休闲体育与社会体育的发展 [M]. 北京：中国戏剧出版社，2012.05.

[7] 李磊，杨洪武主编. 社会体育管理 [M]. 西安：西北工业大学出版社，2020.07.

[8]（英）多米尼克·马尔科姆（Dominic Malcolm）著. 体育与社会学 [M]. 北京：科学出版社，2020.06.

[9] 全民健身国家战略下社会体育管理理论与实践 [M]. 北京：人民体育出版社，2020.

[10] 刘文，齐国强. 全面小康社会城乡健康体育多元化融合发展研究 [J]. 山东理工大学学报 (社会科学版)，2021，(第 3 期)：103-107.

[11] 王玉侠 1，李润中 2. 我国社会体育指导员管理体系多元化发展研究 [J]. 河北体育学院学报，2019，(第 6 期)：30-34.

[12] 魏巍，潘书波. 构建广场体育多元化发展体系的社会价值分析 [J]. 才智，2016,(第 28 期)：255.

[13] 方安 1，张继峰 2. 试论老年人体育的多元化发展与和谐社会的建设 [J]. 湖北体育科技，2007，(第 4 期)：409-411.

[14] 陈丛刊，杜雨生. 新发展阶段推进体育社会组织治理现代化研究 [J]. 山东体育科技，2022，(第 6 期)：7-12.

[15] 张祁帆. 论我国社会体育指导员制度的多元发展与创新 [J]. 科教导刊 (电子版)，

2020，（第 13 期）：234.

[16] 李锐 . 体育社会功能多元化背景下的体育专业（方向）设置架构探究 [J]. 成都体育学院学报，2016，（第 5 期）：123-126.

[17] 冯丹 . 全民健身背景下休闲体育多元化发展方向分析 [J]. 质量与市场，2020，（第 15 期）：61-63.

[18] 于超 . 浅谈我国社会体育指导员制度的多元发展与创新 [J]. 科技展望，2017，（第 6 期）：289.

[19] 黄勇，尹亨基 . 社会体育管理的特点及体制建设研究 [J]. 体育画报，2022，（第 14 期）：153-154，156.

[20] 朱凤娇，罗俊 . 我国社会体育的发展趋势探究 [J]. 内江科技，2022，（第 5 期）：149，122.

[21] 王超 . 社会体育与学校体育融合模式探索 [J]. 甘肃教育研究，2022，（第 11 期）：42-44.

[22] 伍美玉 . 学校体育与社会体育的和谐发展研究 [J]. 爱情婚姻家庭（教育科研），2021，（第 2 期）：104.

[23] 于婷 . 浅析社会体育活动开展的意义与策略 [J]. 拳击与格斗，2021，（第 16 期）：11.

[24] 胡美 . 社会体育的可持续发展探析 [J]. 体育画报，2021，（第 14 期）：6-7.

[25] 郑朝沙 . 社会体育人才培养的思考 [J]. 灌篮，2019，（第 14 期）：188.

[26] 刘骥 . 探讨社区体育文化与社会体育发展 [J]. 文体用品与科技，2020，（第 10 期）：76-77.

[27] 荆硕 . 高校体育和社会体育衔接问题的研究 [J]. 幸福生活指南，2020，（第 18 期）：66.

[10] 何沁鸿 . 社会体育需求与体育供给服务的探讨 [J]. 体育风尚，2020，（第 6 期）：230.

[28] 熊斗寅 . 从国际大众体育发展趋势展望我国全民健身计划的发展前景 [J]. 体育科学，1998(2)：6.

[29] 徐本力 . 体育强国、竞技体育强国、大众体育强国内涵的诠释与评析 [J]. 天津体育学院学报，2009，24(2)：6.

[30] 马先英，杨磊，沙磊 . 农村体育：制约我国群众体育发展的"瓶颈"[J]. 北京体育大学学报，2004，027(010)：1310-1312.

[31] 王凯珍，任海 . 中国社会转型与城市社会体育管理体制变革 [J]. 北京体育大学学报，2004.

[32] 冉令华，田雨普 . 泛资源背景下的社会体育资源协同观 [J]. 上海体育学院学报，

2007，31(2)：5.

[33] 于善旭．我国公益社会体育指导员工作发展的基础与对策 [J]．上海体育学院学报，2021(2010-1)：58-61.

[34] 潘雯雯．大众体育志愿服务组织综合能力的评价指标体系研究 [J]．体育科学，2015，000(006)：13-18.

[35] 刘梅英，田雨普，周丽萍．体育强国视域下我国群众体育发展对策探索 [J]．武汉体育学院学报，2009(07)：10-14.

[36] 朱越彤．中国社会体育指导需求调查 [J]．天津体育学院学报，1999(004)：014.

[37] 周学荣，谭明义．我国两次群众体育现状调查情况的比较研究 [J]．体育科学，2004，24(7)：4.

[38] 沈建华，肖焕禹，龚文浩．论学校体育、家庭体育、社会体育三位一体实施素质教育 [J]．上海体育学院学报，2000.

[39] 肖林鹏．我国群众体育资源开发与配置对策研究 [J]．西安体育学院学报，2006，23(1)：4.

[40] 卢元镇，倪依克，庹权，等．现代化进程中的中国社会体育 [J]．体育学刊，2003，10(1)：4.

[41] 唐鹏，戴志卿．百年来中国共产党推进群众体育的价值遵循 [J]．河海大学学报：哲学社会科学版，2022，24(1)：7.

[42] 刘明生，李建国．城市社会体育组织参与体育公共服务的困境与对策 [J]．上海体育学院学报，2021(2012-3)：53-56.

[43] 佚名．社会体育管理的特点及体制建设——评《社会体育管理（第2版）》[J]．科技管理研究，2021(9).

[44] 王晓东．启迪和导向：费孝通与中国体育社会科学 [J]．体育学刊，2019，26(3).

[45] 熊欢．学科特质，学术困局，学理拓展：体育社会学之变局路径 [J]．上海体育学院学报，2023，47(1)：12.

[46] 毕研洁．民族舞蹈与大众体育融合的内涵和生成路径 [J]．西藏大学学报：社会科学版，2022，37(2)：7.

[47] 朱冀，景怀国．社会流动视角下女性体育参与研究 [J]．体育学刊，2022，29(4)：6.

[48] 辜德宏．我国竞技体育发展中社会和市场力量的作用及优化策略研究 [J]．体育科学，2022，42(2)：10.

[49] 卢春天，高海利，冯沁园．社会治理视域下的城市公共体育空间：历史，属性与价值 [J]．学习与实践，2022(1)：10.